U0804876

周蓓 主編

「民國專題史」叢書

(日)加田哲二 著 楊逸棠 張資平 譯

近世社會學成立史

介紹近代社會學建設與發展的歷史，分別從研究社會學史的意義、近世初期的社會學思想，以及英、德、法三國的社會學思想等三個方面做了論述，具有一定的學術價值

河南人民出版社

圖書在版編目(CIP)數據

近世社會學成立史 / (日)加田哲二著; 楊逸棠, 張資平譯. —鄭州 : 河南人民出版社, 2016. 4(2017. 1 重印)
(民國專題史叢書 / 周蓓主編)
ISBN 978-7-215-10092-3

Ⅰ. ①近… Ⅱ. ①加… ②楊… ③張… Ⅲ. ①社會學史 Ⅳ. ①C91-09

中國版本圖書館 CIP 數據核字(2016)第 079674 號

河南人民出版社出版發行
(地址 : 鄭州市經五路 66 號　郵政編碼 : 450002　電話 : 65788063)
新華書店經銷　河南新華印刷集團有限公司印刷
開本 710 毫米×1000 毫米　1/16　印張 16
字數 230 千字
2016 年 4 月第 1 版　2017 年 1 月第 3 次印刷

定價 : 105.00 圓

出版前言

中國現代學術體系是在晚清西學東漸的大潮中逐步形成的。至民國初建，中央政治權威進一步分散和削弱，加之新文化運動帶給國人思想上的空前解放，新學的啓蒙，新知識分子的産生，民國學術如草長鶯飛，進入一個自由而蓬勃的時代。中國傳統學科乃中國學術之根基與菁華所在，民國學人采用“取今復古，别立新宗”之方法，引入西方的學術觀念，積極改造，使史學、文學等學科向現代學術方向轉型。此外，大力推介西方社會科學的新學科和自然科學，在學習、借鑒乃至移植西方現代學術話語和研究範式的過程中，逐漸建立中國現代學科，使中國的學科門類迅速擴展。一時間，新舊更迭，中西交流，百花齊放，萬壑争流，開創了中國現代學術的源頭。

伴隨知識轉型和研究範式轉换而來的，還有學術著作撰寫方式的創新。中國古代的著作向來以單篇流傳，經後人整理匯編後，方以成册成集的面目出現并持續傳播。直到十九世紀末，東西方的歷史編撰體裁不外乎多卷本的編年體、紀傳體和紀事本末體等，章節體的出現標志着近代西方學術規範的産生和新史學的興起。章節體具有依時間順序，按章節編排；因事立題，分篇綜論；既分門别類，又綜合通貫的特點。以章、節搭建起論述之框架，結構分明，邏輯清晰，較傳統的撰寫體裁容量大、系統性强。它的傳入，使中國現代學術體系從内容到形式被納入了全球化的軌道。民國時期專題史的研究、譯介、編纂、出版恰恰是在這樣的背景下欣欣而發，是學術的實驗場，也是歷史的記録儀。編選“民國專題史”叢書的初衷正是爲了從一個側面展示中國學術從傳統向現代過渡的歷史進程。

專題史是對一個學科歷史的總結，是學科入門的必備和學科研究的基礎，也是對一個時代艱深新鋭問題的解答，是學術研究的高點。民國專題史著作中，既包含通論某一學科全部或一時代（區域、國别）的變化過程的，又囊括對一時代或一問題作特殊研究的，還有少部分是對某一專題的史料進行收集的。原創與翻譯并重，翻譯的底本大多選擇該學科的代表著作或歐美大學普及教本，兼顧權威性和流行性，其中日本學者的論著占據了相當比重。日本與中國同屬東亞儒家文化圈，他們在接納西方學術思想和研究模式時，已作了某種消化與調適，從思維轉換的角度看，更便于中國借鑒和利用，他們的著作因而被時人廣泛引進。

與當代學術研究日趨專業化、專門化、專家化的“窄化”道路迥乎不同的是，中國傳統學術崇尚“學問主通不主專，貴通人不尚專家”的通識型治學門徑，處于過渡轉型期的民國學術在不同程度上保留了這種特徵。民國學術大師諸學科貫通一脉、上千年縱横捭闔之功力自不待冗言，外交家著倫理政治史、文學家著哲學史、化學家著戰争史等亦不乏其人，民國專題史研究呈現出開放、融通、跨界撰述的特點。與此同時必須看到，自晚清以來，中國的命運就在外侮屢犯、内亂頻仍的窘境中跌宕彷徨，民族存亡彷若命懸一綫。這股以創建學科、總結經驗、解决問題爲指歸的專題史出版風潮背後，包裹着民國學人企望以西學爲工具拯民族于衰微的探索精神，及以學術救亡的愛國之心。梁任公曾言：“史學者，學問之最博大而最切要者也，國民之明鏡也，愛國心之源泉也。”這種位卑未敢忘憂國的歷史使命感和國民意識是今人無法漠視和遺忘的。

“民國專題史”叢書收録的範圍包括現代各個學科，不僅限于人文社會科學，學科分類以“民國總書目”的分科爲標準，計有哲學、宗教、社會、政治、法律、軍事、經濟、文化、藝術、教育、語言文字、中國文學、外國文學、中國歷史、西方史、自然科學、醫學、工業、交通共19個學科門類。本叢書分輯整理出版，内不分科，單本發行，方便讀者按需索驥。既可作爲大專院校圖書館、學術研究機構館藏之必備資源，也可滿足個人研讀或興趣之收藏。

與目前市場已有的一些專題史叢書相比，“民國專題史”叢書具有規模大、學科全、選本精、原版影印的特點。本叢書選目首重作者的首創、權威和著作影響力，尤其注重選本的稀見性。所謂稀見，即建國後没有再版，且多數圖書館没有收藏，或即便有收藏，也是歸于非公開的珍本之列予以保存，普通讀者難以借閲。部分圖書雖有電子版，但作爲學術研究的經典原著讀本，紙質版本更利于記憶和研究之用。本叢書精揀版本最早、品相最佳的原版圖書作爲底本，因而還具有很高的版本收藏價值。

“民國專題史”的著作是民國學者對于那個時代諸問題之探究，往往有獨到之處，無論其資料、觀點短長得失如何，要之在中國現代學術史的構建與發展進程中，自有其開宗立論之地位。

序

社會學是新的學問，關於社會學之體系，爭論甚多，還沒有得到一個定型。像這樣新的學問，一定要從他的歷史開始研究。尤其是在大學裏教授的時候，在表明講述者的體系之先，一定要從社會學史開講。

本書是作者在慶應大學經濟學部之社會學講義之一部——即社會學史講義。本書並不是向社會學專門學者發表的著述，而是爲一般初研究社會學的人，使知道社會學的研究方法是怎樣地發達而來的大概，而編述的。故本書是按作者之社會學史研究之標準，搜羅東西洋諸家的研究而編制，自信研究方法是極適當的。

在日本的讀書界，像這樣的著作甚稀，故有出版的必要。作者尚欲再行研究，寫成一本更良好的教本，能得識者之指正，是著者之幸也。（下略）

1927，12，21，著者識。

目次

第一章　近世初期的社會學思想……………………〔35〕

序論　社會學史的意義

一

一般以法國學者Auguste Comte(1797-1857)爲社會學之創設者。因爲在他的劃期的大著"實證哲學"(全六卷 1830-42 年間刊行)第四卷(1839年刊行 P. 185)中開始用社會學(Sociologie)這個名稱。一般稱他爲社會學的元祖，即此理由。Comte雖創造了社會學的名稱，但社會學這種新學問，决不是在他的時代突然地表現的。他之所以創立社會學這個名詞。可以說是爲這種新學問要求獨立權而已。當然，社會學的研究在 Comte 以前已經存在的。凡是一科學，新作一個獨立的學問，而得到存在的權利以前，要有極長的準備時間。社會學當然不能獨居於例外。

社會學在他的成立準備期間中，先育成作一個社會科學的研究方法，由十九世紀初葉到中葉之間，才起來要求作獨立科學的存在權。一方要求社會學的存在權，同時創立社會學的名稱的，就是 Comte。故如一般所說稱他爲社會學之元祖，決非過當。但是 Comte 祇是利用以前的諸學者，思想家，有意識的或無意識的所構成的研究方法及材料，而給予一個體系罷了。

在 Comte 的時代，英國及德國已經成立有社會學。在英國如後面所述，社會學的研究極盛，在近世初期即有社會學之研究，到十八世紀更得了長足的進步。在政治學，統計學及經濟學的範圍內很顯著地使用社會學的研究。同時英國在某種意義上是自然科學的祖國，故實質的研究及數量的研究極其盛行。把自然科學的研究法，最明確地應用到社會現象上的人，是十九世紀，有最大哲學者之稱的 Herbert Spencer。他在達爾文未發表生物進化說以前已經主張進化的法理可以適用到爲自然之一部的人類社會上的。達爾文的學說在1859年出版的"種源論"裏面發表出來之後，他以此爲基礎構成了宏大的進化論，作他的一部之社會學之體系，也就樹立起來了。在英國社會學能得一般承認爲獨立的學問，是要歸功於 Spencer 的。

德國社會學之成立是在 Comte 時代。在十九世紀初葉代表德國社會學思想的是由英，法傳來的個人主義思想及與此有對立的關係之古典哲學及浪漫主義。但德國的社會學的思想至三十年代至四十年代顯著地受了法國社會主義之影響。即德國的社會思想家一方面受康德，費希特（Fichte），黑格爾（Hegel）等等古典哲學的影響，同時在他方面受法國革命後發達起來的社會主義的社會觀的影響。法國的社會主義的社會觀，指示出如國家，階級，革命，社會的進步等之概念的具體的實例。至從來的德國理想主義及浪漫主義之社會觀，祇是思辨地說明這些概念。他們的哲學，主要的是認識論和歷史哲學。德國社會學的創立者以這種哲學爲武器，對法國社會主義的社會觀，更進一步開拓了自己的境地。這些德國社會學的開拓者，是Lorenz von Stein 和馬克斯（K. Marx）。

二

社會學在英，德，法三國差不多是同時代成立的。但是社會學之學問的影響在法國爲最顯著，故一般學者都承認法國爲社會學的祖國。法國一經產出 Comte 之後，凡崇奉他的社會學研究法的所謂實證主義者，盡都拓充及宣傳他的研究。如實證哲學雜誌的編輯 E. Littre 是熱心的 Comte 學說的崇奉者，E. de Roberty, De Greaf 等學者皆屬此派。又由十九世紀末葉至現在，其間輩出有許多有力的社會學者，例如主張模倣說，欲建設新社會學的 Gabriel Tarde 強制地探求社會之本質的 Emile Durkheim 固執社會有機體說的 Rene,

Worms 等是。

英國社會學經 Spencer 創立一學派之後，有所謂 Spencer 學派的社會學者輩出，Spencer 的社會學，是自然科學的社會學，故以事實的搜集及以由是而生的歸納為主要方法。即現代英國的社會學 亦不能免這種傾向。廣搜集社會的諸事實，欲由是構成社會理論的學者有 Sutherland, Westermarck, 及 Hobhouse 等。此外以社會的諸事實之搜集為第二義，因要訂正從來的謬誤的社會觀，沒頭於探究社會本質者，則有 MacIver, Cole, Laski 等之新社會學徒。

再觀德國的社會學界，一般社會主義者保持着馬克斯的傳統。馬克斯所主張的唯物史觀，佔領着德國社會學界的一角。這個傳統由 Kautsky, Eduard Bernstein, H. Cunow, Max Adler 等所代表。十九世紀後半期，有主張社會有機體說的 Paul Lilienfeld 有以人種爭鬥為社會的基礎命題，而樹立社會學的國家學說的 Ludwig Gumplowicz 及 Gustav Ratzenhofer。批評馬克斯學說，想組織綜合的社會學體系者則有 Franz Oppenheimer。自在地使用歷史的材料 ，研究近代社會的實象之歷史的社會學者則有 Werner Sombart 及Max Weber。歐戰後的社會學界的活動眞有足令人驚異的，即所謂關係學派的隆盛。德國的新社會學派,遠之有F. Tœnnies, G. Simmel, 近之有 F. Vierkandt 及 Leopold von Wiese 等。又近時的 Max Scheler 氏則有文化社會學的提倡。大戰後的德國社會學界，極為熱鬧，有百花燦爛之觀。

由 L. Ward 輸入之美國社會學在最近半世紀間的發達，也頗顯著。在美國比較的早就設立了社會學的大學講座。由 F. Giddings 所領導的所謂哥倫比亞學派代表法國系統的社會學。以1926年病沒了的 A. Small 氏為中心的芝加哥學派，是代表 Gumplowiez 及 Ratzenhofer 德國社會學。其他各國大學之社會學講座都不及美國之多。

日本之社會學是和西洋文明之輸入共同開始的。在明始初年因當時政治上的必要，大部份的輸入是政治論，當是流行的是 Spencer 及 Mill 等著述的翻譯。Gizez 的西洋文明史，T. Buckle 的英國文明史等的社會學著述，亦爲一般所愛讀。福譯諭吉之文明論概略，是應用西洋學說於日本事情上的一個嘗試。明始十五年乘竹孝太郎翻譯 Spencer 的社會學原理，十六年有賀長雄發表社會學一書，此書受 Spencer 的影響極大，這是日本社會學最初的一本。至 Comte 之名則見於日本明治十一年刊行的 Chamber 原著，塚木周造翻譯的"論理學"中，譯 Sociologie 貧文際學。又明治十四年出版的"哲學字彙"譯 Sociology, Social Science 爲"世態學"。最初用社會學的名稱者恐怕是尺振八氏所譯的"斯氏教育論"(明治十三年四月出版)。决定改交際學，世態學，社會原論等各目爲社會學者是乘竹氏譯的"社會之原理"及有賀氏的"社會學"。在日本最先作教授担任社會學講座的人，是爲專攻史學，因感到社會學的必要而研究之的外山正一博士。他於明治二十六年才担任東京帝國大學的社會學講座，是祖述 Spencer 社會學。他的高足建部遯吾博士留學法國，主張 Comte 派的社會學。日本的社會學不幸地和某種社會主義相混淆了，因之在長期間社會學的研究受了壓迫。日本之眞正有社會學是在歐洲大戰以後。米田庄太郎博士是法國美國派的綜合社會學者。採取和德國之分析的形式社會學相似的立場者爲高田保馬博士。米田及高田兩氏在日本社會學的搖籃期，算是有了相當的貢獻。又馬克斯派的社會學在日本青年學生間佔有強大的勢力，日本社會學界的前途正未可限量。

三

社會學如上所述，在最近世界各國是最隆盛。最活躍的一種社會科學。但是，社會學的普及並不是社會學作一個社會科學而佔有確定不動的地位之意義。關於社會學的性質及對象，社會學的本質等學說種類極多，可以說因各學者不同，而對於社會學的解釋，亦有差異。就於社會學的問題，成立，變遷，現狀等而爲說明，是我們今後的任務。但爲明示社會學本身，及這些問題之如何地錯綜着，對於現時的社會學，由種種的觀點，試爲之分類如下：

第一，以研究對象爲區別。

最初有以社會爲自然的過程，故以社會學爲敍述社會之自然史的一派，在這派視社會爲一個綜合的全體，故此種的社會學帶有歷史的性質。屬於此派的學者有 Comte, Mill, Cournot, Spencer 及信奉這些學者學說之有機體論者，如 Lilianfeld A. Schaeffle, A. Espinas, De Greef, Worms 及社會的達爾文主義者 F. Le Play, K. Marx 等。

其次，形態之社會學的研究，由社會現象的分析，達到了社會的實在之認識，例如由社會的事例，社會的事實，團體關係等之分析而獲得社會的認識之"分析的社會學"。屬此派的社會學者有 Cattaneo, M. Lazarus, H. Steinthal, G. Tarde 等；有羣集心理學者 G. Lebonn，有客觀的實在論者 E. Durkheim, C. Bougle, Fauconnet，又有 A. Fouillée. W. Wundt. J. M. Baldwin一派的相對的社會的實在論者，又有 F. Toennies, Simmel, A.

Vierkandt 等純粹及分析的形式社會學者，又有 Davis, C. A. Ellwood, E. S. Bogardus, W. Mac Dougall 等的社會心理學者，這些都是屬於第二形態中的。這種方法上的對立，卽綜合的社會學和形式的分析的社會學之對立，如 F. Troeltsch, A. Vierkandt 所指示，是近世社會學上的最顯著的對立。例如形式社會學者 L. von Wiese 說，由十九世紀至二十世紀的社會學的進步，是由綜合的社會學，向作一個特殊社會科學之分析的社會學的發展。這種議論，雖稍偏於 Wiese 本身的嗜好，但有足以表示最近的形式的社會學的長足的發展。綜合的社會學據有舊時的城寨，爲擁護自己的地位，正在苦戰中，這是我們看得見的明確的事實。

第二，由社會之本質觀之如何爲區別。

關於社會之本質，最少可以分爲三種學說。其一視社會爲一個統一性，一個全體，在一切的場合，視社會爲一個實體。這種觀法又分爲二種：A，以社會的實在爲一個理念，這個理念在社會的部分的現象和實體的具象化上，構成現實的人類界。

B，視社會爲一個有機體，我們雖然不能用感覺認識這個有機體，但以社會爲一生物。

其二的見解是以社會爲集團的集成，這個學說解釋社會爲多元的，不是在人類的共同生活上單認出唯一的社會，而謂這人類共同生活的社會，是由多數的社會所形成的。故據此學說，社會的構成體是一個全體，是一個統一體。

其三的見解以社會爲社會化的相互的經過上的一個產物。據此說，則社會不是實體的。因爲一個物體，並不是一個實在，而具有變化的性質。社會是一個現象，是諸過程的複合。

因爲這三種社會概念的差異，各人的社會學的內容也大不相同。以社會爲一個統一體的學者，有自然科學者及自然哲學者（例如 Comte），有社會哲學者（例如 Durkheim, Schaeffle, 及現在的 O. Spann,），有歷史哲學者（L. von Stein, P. Barth）。其次以社會爲社會化的過程的學者，如 Simmel 是。至以社會爲集團的集成的則有採用心理學的見地之美國社會學者。

第三，我則以應用於社會學上的其他科學爲標準，亦可以之區別社會學。

最初和自然科學的關係。社會學在他的成立過程上，主要部分是依自然科學方法而爲研究，故社會學和自然科學的關係最深。第一是生物學，尤多應用生物學中之特殊理論。第二是人種學，第三是物理學。有欲依物理學的研究法以研究社會現象的學者。這種社會物理學以研究社會現象之動的法則爲主。第四是心理學。心理學的社會學之主張是以社會關係發生於人與人之間，人與人的關係結局是人類心理的作用，故有注意此點而在心理學上研究社會的學者。第五是人類學，像現代複雜多端之社會關係的本質須就於關係比較單純的自然人類而爲觀察，然後達到徹透的研究。由此見地，故有應用人類學研究社會學的學者。

其次和哲學的關係。一切科學和哲學都有很深的關係，社會學也是一樣。社會學的一部分是由政治學，經濟學產生的，但大部份還是繼續着哲學的血統，故其影響一直及於現在。哲學之在於社會學的應用，又分爲二：第一是社會哲學，又稱社會形而上學，第二則是狹義的歷史哲學。社會哲學是欲探求社會之基本現象的意義——社會之客觀的意義，即精神——之思辨的研究。歷史哲學則主論文化發展階段之理論，此外，有和這兩種哲學應用不可混同的現象，是以社會學爲一個特殊的社會科學，而探求使之成立的可能性，因欲在哲學上求牠的認識的基礎的意義之哲學應用。（譯者：故知哲學在社會學上的應用，有三種：第一是應用哲學探求精神之思辨哲學；第二是應用哲學討論文化發展階段的理論。以上二者是以社會爲對象之哲學應用。第三是以社會學爲對象，欲使之成爲特殊的社會科學，因之在哲學上探求其認識論的基礎之哲學應用）。

以上所述諸種社會學體系，更由其內容而區別之如下，這種區別是據荷蘭社會學者 S. R. Steinmetz 的分類。

一，綜合社會學。這是研究人類和社會現象間的一切關係的學問。

二，作歷史哲學之社會學。

三，作人類集團的特殊科學的社會學，以集團之構成，歷史，分類，分化，滅亡等爲研究對象。

四，作一切人類關係之特殊科學之社會學。這種形態的社會學爲發見實際存在之社會的合法性，而分析及整理社會現象，這就是分析的形式社會學。

四

如上所述，社會學體系的種類，雖然存在，其本身作社會學的學問而成立的可能性或價值，仍屬一個疑問；但這些社會學者都承認 Toennies 的社會學定義，即承認"一般社會學是關於人類共同生活的學問"。但這種抽象的定義應作如何解釋，又因學者的立場不同，而有差別。

人有存續生命的本能。爲要存續生命即爲要保存自己及保存種族，先要滿足食慾和性慾。人類爲生存的作用，不是對自然的，而是對他人的，爲獲得生活資料的努力，爲使生活便利及快樂，要和他人發生交涉。其實人類由最初起卽在這種交涉中間產生出來的。人與人的相互交涉，卽相互作用，形成社會關係。例如生產關係，男女關係等是。人與人之關係的持續，必然地給關係者以一種統制。由這個社會關係而生的統制，使發生一個社會的意志或感情，在一定的程度上，有強制社會成員的作用。又這些社會現象，有自爲固定凝結的傾向，社會關係之固定凝結，卽是社會制度，社會的結合，而這些社會制度及結合，又依諸種的原因而自消滅，衰亡，及變形。社會學的對象，我以爲盡於以上所述的了。

關於社會學之對象的議論，本無一定，關於對象之研究，更無一定，此由前節所舉諸種社會學體系觀之，不難明白。社會學的現狀何以如是之錯雜呢?其一，因社會學爲科學，在社會諸科學中發達較遲，故是以稱爲定說者甚少。其二，因從來的社會學(尤其是綜合的社會學)以社會爲其對象，其概念大過漠然不明。其三，不能像一切社會科學之有實驗．又因爲研究者本身也是研究對象之一部，故社會學的研究，將因研究者主觀的要素面着色。卽人在一切的社會上生活，他們在各種的社會關係上，各有各的利害關係，故不能像自然科學那樣採純客觀的態度。研究者意識地或無意識地受了先入觀念（對社會現象的）所支配，是常有的事實。這也是令社會學說不一致的最大的原因。

故讀完一部社會學書，而欲了解社會學，是極困難的。因爲社會學是未完成的，尙在發達的途中的學問。故我們當研究社會學時，關於現代的有權威的書籍不可不讀。同時對社會學之過去的回顧亦是極必要的事項。以過去的反省，可以知社會學的問題，及其變遷。關於一個重要的學說，研究其在如何的狀態之下發生，如何發展，對於後代的學說有如何的映響，則不單可以了解前人的研究，並可以在他的歷史的研究裏面，求知社會學問題之發展過程，對於社會學研究之將來方針之決定，所得亦多。故社會學之歷史的研究，不是敍述一個思想家有如何的著述，在何時出版及該思想家有如何的逸話等的古董的研究。社會學史之主要目的，是社會學之主題，在如何的事情下發展及變遷之理解。我由此見地，故先述近世社會學的成立史。

五

社會學史的紀述。當從何時代開始，關於這個問題從來有多種的議論。

决定一種科學由何時成立的問題，决不是容易的事業。科學之成立，並不是像事物之發見，或發明，有明確的年月可以查考。科學的成立，先由一般的知識而漸漸發達，然後體系化，應一般的要求而成一個新學問。故關於一科學之起源的論爭，不是容易可以解决的。像社會學，關於對象及內容的疑問極多，由對於學問內容之决定如何，觀點亦自有差別。今試就三四之例略述關於社會學之起源的議論如下。

有一部份學者主張社會學史的敍述，應該從古代開始。例各 L. Stein (Die Soziale Frage im Lichte der Philosophie, 3 Aufl. 1923,) E. S. Bogardus (A. History of Social Thought, 1921,)

J. Lichtenberger (Development of Sovial Theory 1924) F. H. Hankins ("Sociology" in The History and Prospects of Social Sciences by H. Barnes, 1925) 等是。J. Lichtendcrger 以爲社會理論的起源是由希臘之柏拉圖時代開始。L. Stein 則更遠地向古代印度，中國，猶太尋求社會哲學的意義上之社會學說。F. Giddings 同樣從柏拉圖探求社會哲學意義上的社會學說之起源。(History of Social Theory of Human Society, 1922)。Bogardus 的書名"社會思想"是極漠然的名稱，他解釋爲在圖個人幸福之前，先要想及民族，階級及他人的幸福的思想；且以爲組織社會學的成立，是在十九世紀初葉，但他的廣義的社會學說之歷史，是從希臘以前的社會思想說起。Hankins 則從 Comte 尋求組織的社會學之成立，但關於社會學之各個對象，則從古代探求，他對康德以前的社會學上溯至希臘時代。

以上所述是對社會學爲極廣義的解釋，遠在古代求他的起源的學者。反之在近代尋求社會學之起源發達的學者亦不少。試舉三四之例如次：

L. von Wiese 以為可以承認為關於社會之獨立科學，是在十九世紀初葉；至以前的關於人類共同生活的科學，毋寧稱之為政治學。在政治學上尚難明瞭地區別社會與國家。關於社會現象的認識，除政治學外，祇在倫理學上，公共道德學上有所論述。在這些學問上所處理的社會現象，至民族的精神發展階段達到了特定程度的場合，遂發生社會學。在中部及西部歐洲諸民族間，到十八世紀末葉以至十九世初葉，才達到這階段。像這樣的精神發展階段上之社會學形成的過程可分為三派。（一）德國浪漫主義及理想主義。（二）Comte 的哲學。（三）由生活學，歷史學，社會經濟學等科學之社會學的發展。這三個根源是可以上溯得出來的。以上是 Wiese 的主張。（Soziologie Geschichte und Hauptprobleme. Kapitel II.）

C. Brinkmann 以為社會學基礎之確立時代，在西部歐洲是普通稱為巴洛克（Barocco）時代的時期。即當時，在英國議會的貴族主義保有政權，在法國舊制度已經解體，革命精神普及了的，十七及十八兩世紀之政治的及經濟的變革時代。在這時代的英國，T. Hobbes, P. de Manderville, A. Ferguson, J. Miller 及 A. Smith 等；發展了可以和國家區別的社會概念。在法國，新教的教會及國家批評——立於最高點的是 Jurieus Lettres Pastorales——提倡了啓蒙的百科全書的研究，但這個運動受了當時封建的專制的國家的壓迫，故一般研究自然地轉向到宗教社會學及文化社會學。又在革命的前夜，產生了 Voltaire 的懷疑的悲觀主義，盧騷的自然法的樂觀主義，及重農學派 (Physiocrate) 之自然的經濟秩序之主張，社會學由是成立。(Carl Brinkmann, Gesellschaftslehre 1928. SS. 1—4. ders. Versuch einer Gesellschafts wissenschaft. 1919 Ss. 15—21)

像 Brinkmann, 在十七十八世紀的英國探求社會學的始源者有 W. Sombart 氏，他分近世初期社會觀爲兩種，卽神學的社會觀和自然的社會觀。這兩個社會觀，各由神或自然而說明社會，卽探究在國家及法上的絕對者。但對於這兩種社會觀尚有以社會爲自然之一部而加以觀察的社會觀。這種社會之自然科學的考察，盛行於十七十八兩世紀之英國。Sombart 氏就在這裏發見了社會學的起源。(Werner Sombart, Die Anfaenge der Soziologie Errinnerungsgabe fuer Max Weber. Bd. I 1923)

P. Barth 氏則以爲前述之書在實際上，雖從社會學之先驅者 St. Simon 氏作詳細的社會學的敍述，但如要更向上溯，則將和其他科學歷史相同，可以溯至希臘的時代。在 Comte 以前當然沒有社會學的名稱，但在政治學的包括名稱下，總論社會學的事項，這是柏拉圖以來至 Comte 時代爲止的長久的傳統。(Paul Banth: Philosophie der Gesch ichte als Soziologie. I.)

此外 A. Small 氏則以孟德斯鳩爲社會學的創設者，O. Spann 氏則以康德或 Fichte 爲社會學的創設者。G. von Below 氏則以德國浪漫主義者爲社會學之創設者。

著者則以爲社會學是在十九世紀初葉至中葉間要求其作科學的存在權。要求者是 Comte, Stein, Marx Spencer 等。多數的社會學史家都不否定這個事實。我的意思並不是說社會學是在那時候才樹立的，如後面所述，社會學的研究法是很明瞭地在社會學要求作科學的存立權以前，已經成育發展了的。這個研究法之成育發展創造了新的社會學的名稱，要求了牠的存在權。但是，能使社會學成爲一個新的學問的研究法，是從何時代發達的呢？我以爲可以從近世初期看見他的萌芽，卽社會學的研究法，是從近世初期之文藝復興和宗教革命時代開始的。

Wiese 氏之社會學史之區分如次：

(一)社會學前史——由古代至十八世紀末。

(二)社會學史

a，第一期　十九世紀(1810——1890)作綜合科學之社會學的時代。

b，第二期　現代作個別的社會科學之社會學的時代。

Wiese氏，接這種區分法，謂由十九世紀至現代的社會學發展爲"由百科全書至個別的科學之發展"。前面已經說過，著者雖不否定社會學之要求作獨立之學問的權利是在十九世紀的前半期。但是，像Wiese氏那樣，把十八世紀以前一括於社社會前史裏面，則不無疑義。我們假定承認Wiese氏所述，由近世初期至十八世紀末之社會學的議論，不能稱爲眞正意義上的社會學，寧可說是政治學，並且由政治學的認識，決不能達到眞正的社會學的認識；但是將來發展擴大了的社會學方法，是在這個政治的社會論中成育起來，這是不能否認的。以上是Wiese氏的主張。關於這點，Brinkmann氏和Sombart氏之說，實優於Wiese氏的主張。並且Brinkmann氏及Sombart氏所主張，十七，十八兩世紀的政治的經濟的社會論，是從近世初期留下來的遺產。然則在社會學之成立過程上，當然不能蔑視作社會學的方法的密切前提之十六世紀想潮。又在地方面有引起由古代開始論述社會學史的學者之非難之論據。這就是在古代中世和近世之社會學思想間，在大體的傾向上，有重大的差異之點。爲闡明這點的根據，著者之社會學史的區分如下：

社會學前史　古代及中史之社會思想

社會學史

(A)社會學成立之時代

由十六世紀以至十九世紀初葉之社會學的研究方法之成立。

(B)社會學之發展——社會學建設者之社會學，及其後之綜合的社會學之諸體系的歷史。由千八百之四十年代至九十年代。

(C)社會學上之鬥爭及新傾向——對於綜合社會學之新社會學的鬭爭及主張，由十九世紀末至現在。

六

古代及中世之社會論，在牠的傾向上和近世不同。這兩者的差異是主張社會學史應限於近世的根據。在古代及中世的社會論及近世之社會學的研究，都是以社會，國家，民族，都市，階級爲對象。但在兩者之間對於同一對象之研究方法不同。這點就是兩者之區別。作者將引用關於此點之 Sombart 氏的敍述：

"第一我們要知道觀察人類之共同生活的全然的特殊方法，是由近世發達而來，這是由在從來全不知道的，關於人類"社會"之特殊科學發展出來的。對於這個新學問我們有加以社會學的名稱的權利。何以言之？因爲這科學至後代，尤其是在今日都是廣汎地加以社會學的名稱。這個近代社會學的本質，即在歐洲思想界作一個新產物發現出來的社會學的本質，大體不會受何等的反對，可以作一個經驗科學。至於牠的任務，是在經驗上因果上說明人類之全關係及文化表現之全體"。(Die Anfaenge der Soziologie, S. 6)

這個新科學之目的，盡於形成"人類社會之自然論"（die Naturlehre der Menschlichen Gesellschaft）以及此態度觀察國家之一語。這個態度亦是Comte的實證的方法。這個實證的方法，因果法則的方法，經驗的方法，正是近代科學的基本方法，亦是培根（F. Bacon）所確立的自然科學的方法。這個方法即是區別近代社會論和古代及中世社會論的最重要的標識。當然，在古代也有像亞里斯多德搜集希臘諸邦的憲法百數十種，而採取比較研究的態度的人；但古代及中世的社會思想家的研究，大體是非經驗的，非歷史的，而是極度地思辨的；和近代社會論之科學的研究，作一個很好的對照。要求社會學之存在權的社會學史上之偉人們的體系，是自然科學的社會學。從這一點，知主張社會學史是限於科學的研究法爲主之近世，决不是無理由的。

關於社會的自然論，即就於社會的自然的因果的考察，尚須加以一言。社會現象之自然科學的研究，並不是指純粹的形態上之自然科學方法。像這樣的方法，在社會科學上是不可能的。自然科學上的法則，是超越時間和空間，爲普遍地適用的。即一旦確立之的法則，就有普遍妥當性的。作研究方法最有價值的是歸納的實驗的方法。但在社會科學上，他的學問的性質稍稍不同。在社會科學上，一般亦作社會現象之記述及分類，而想確立一定的法則。社會科學雖用歸納的研究方法，但不容許現象之性質上的實驗方法，他的法則的性質，也不象自然科學那樣有嚴密的意義，只作一個傾向律爲止，並且具有時間的意義，卽具有歷史的性質。例如試看關於產生之減少的傾向，我們須要把和生產力有關係的諸要素，連結起來，加以觀察。爲理解這個問題，須明白這個問題如何地與教育之變化，享樂標準之高下，及醫學之應用相關連；又須研究這個問題和都市生活，軍國主義的設施，女子解放的程度，宗教心之減退等諸現象有如何的關係。卽關於產生率減少之諸原因，因時代而不同。卽產生率之減少，亦是屬於在歷史上所決定的傾向律。社會現象旣像這樣的複雜，故對於產生率減少之原因爲如何的問題，不能像研究自然現像那樣的有普遍妥當的法則。社會現象不單他的本身是這樣的複雜，在相互關係上，也是極綜錯的，故研究方法也和自然科學的不同。

自然科學以計量開始，亦以計量終結。但在社會科學則不能適用這個方法。卽在觀察自然的場合，我們不能單用計量的方法，亦要參研牠的意義。單依自然科學的方法，不能理解自然的意義，因爲依計量方法所得的事項是數量，而不是事物之性質。

在社會之研究上我們所關心的是意識的生物之關係，是律限這個關係之動機和目的，及依存於這些動機和目的之生活及行動之方法。這些一切不是依計量方法能達到目的的。人類是意識的動物，故在行動上有一個目的。人類是作目的行動的。因爲是目的行動，故有一個意義。人類的行動並不如太陽之東升西沒的運動。故不能像研究自然運動所用的對付無目的行動之方法，去觀察人類的行動。卽在人類之社會關係上，一定要先理解牠的意義，若單是研究表現於外面的現象，則不能理解牠的意義。社會科學之研究法，是外面的現象之研究，同時是內面的主觀的現象之研究。故不能單採用自然科學上所用的嚴密的客觀的研究法。一定須兼採主觀的內省的方法。近代社會學一方承認主觀的內省法之必要，但他一方又須努力於順從自然科學的方法為特色。在社會科學上的自然科學的方法，是怎樣的方法呢？

第一，是理性的尊重。近世之社會論者，尊重宗教的信條，不及其尊重理性之深。在基督教會之治下，理性常為宗教的奴隸。在新舊約全書裏面所記錄的一切事項，在當時是絕對的眞理。又假定以羅馬教皇不會陷於謬誤為前提，則他所說的話亦是絕對的聖旨。但是近代思想反對教會的支配，由是自為解放，而信奉理性之自律。Bacon 所主張的打破四個偶像是他們的信條，他們以理性為唯一的指導原理。即普通思想史家所稱為合理主義（Rationalismus）的。

第二，承認對於環境之社會現象的重要性。社會現象決不是獨立現象。一現象的發生必然地要受圍繞牠的諸現象之約制。即承認在這廣義上之自然的及社會的環境之重要性。

第三，主張社會現象之繼續性，尤其是人類文化之繼續性，故近代社會學不信文化社會之突發，而信物的進化。

第四，依以上的理由，近代社會學在與社會之階段發展同一條件之下，相信同一現象之發生，有欲以之爲一般的法則(傾向律)之傾向。

以上的傾向，大體多在近代社會學的論述上表現出來的。但這些諸特質，不是表現於近世之思想家全體的，這是無須贅言。祇能說，作近代社會學之全體之傾向，是如此而已。

七

依據前記的標識，以觀察時代之社會學的思想，是著者的任務。但在這裏對於關於社會的諸思想研究之一般事項之一，須加以一言。從來的多數之思想史，一般視作思想本身的發展史。卽信思想本身之獨立的存在，欲從其他的要素，卽從當時之社會的及政治的關係，思想家之個人的性質等，抽象出思想加以觀察。在相信思想之自律思的人，這個方法是可以憑信的罷。若以爲思想和其他的素因無何等之關係，而視作一個獨立的存在，則此方法可以成立。但是，像這樣的場合，能否存在，是爭論頗多的。

但是在這裏就於和我們有關係的社會的諸思想，像這樣的方法上之歷史的敍述是不能成立的。在社會的思想之歷史之場合，單依抽象思想的方法，是不能理解該思想所有的意義。單依思想的抽象，其實連思想本身到底作何意義，都難理解。社會的諸思想，和事實及社會的諸關係，有密切的關係，這是讀社會科學的歷史者，無論何人，都是首肯的罷。何以一般又主張經濟學至十八世紀始成立，作一個科學而獨立呢。何以社會學至十九世紀初葉，才獲得他的名稱？研究這些事實的人可以看出在思想的背後，有儼然地存在着的社會的諸關係罷。故在思想史的研究上，先驗其思想的內容，同時須使思想之構成當時之社會的諸事情——即當時之社會的，經濟的，政治的諸關係等——互相關連，而加以觀察。其次對於思想家個人的性質，和他在社會上的地位及思想，亦視作一種特色，而加以考察。這些事項本來並非難事，若不經過這個工夫，是難正當地理解社會學的歷史。不過社會的諸事情之記述，是屬於社會史，經濟史的範圍，在社會學時常祗佔有從屬的地位，這是無待言的。

其次關於社會學史研究之資料，須加一言。社會學史研究之文獻，可以涉兩方面而加以觀察。第一方面是本源的文獻，第二是新于思想史全般及各個思想的文獻。本源的文獻，是在一時代發生過有力的影響之思想家本身的文獻，或是在當時不見重於一般思想界，而在思想本身中，有足尊重的存在，在思想將來的發展上，具有思想史上重要的意義之思想家之文獻的研究，爲思想史研究之最重要的部份。在第二之意義上的文獻，在思想史研究者，是間接的第二次的資料。作思想史研究之入門，必然地要藉第二次的資料，以斷定何者是始源的文獻，尤其是關於始源的資料之有權威的研究，在我們思想史研究者，是最重要的。關於本源的資料當然是必要不可缺的。不過探究思想之廣大野原，一定要先有準備。在這個意義上我們先要求第二次的資料，又爲區别何者是本源的資料，何者是第二次的資料，各種的學術辭典，著作解題及參考書等，有搜集的必要。這些是適用於摘尋參考文獻的，亦是要注意的。

以下所述凡是本源的資料當然在本文中加以解說。第二次資料中思想史之一般的研究，及特殊研究書，則一括而列舉於書後之"社會學史參考書"項内。不過社會學史之參考書．外國文的固少，至於日本文的幾可謂之全無，因之不能不借助於接近社會學的關於諸社會科學歷史的文獻。

第一章

近世初期之社會學的思想

一

中世的社會，與以地方之農業爲根據之封建制度同樣，是在土地所有上，有實權之基礎的基督教會和都市之社會。中世之支配者是諸侯，（武士）和教會（僧侶）。當時的主要生產要具，是土地。他們因土地之所有，而作支配者。中世之都市勃興發達，是在其極盛時期。都市的住民，不是土地之所有者。他們的多數是脫離地方的隸農的生活，而移住到都市來的，故他們的生活根據是他們所有的才能。這個才能在兩方面表現，一在工藝的方面，一在商業的方面。都市的住民因他們的才能之組織化，對諸侯及教會，保有他們的自由。這個才能之組織化，即是基爾特制度。都市的住民藉此制度，在政治上，經濟上，確保有諸種的權利，這就是都市的獨立。基督教會常藉強大的勢力，企圖支配社會生活的全體，但結果僅在全基督教國獲得精神的統治而已。國家依他的封建的形態，支配地方，工商團體之基爾特支配都市。國家和教會，代表土地所有者，是當時之秩序的維持者。至於都市代表商業和工藝，是新興市民階級的本營。

以土地為中心的中世紀社會，因近世初期之土地兼併，不能不變革了。土地兼併之必然的結果，發生大農業之經營，大經營轉變為營利主義。營利主義之經營法，因為需要更大的耕地，從來作村落團體之共有地的土地，漸次化為私有，中小農民，或變爲農業勞働者，或流入都市變爲工人。祇有少數的幸運者，留在農村裏，作大農業經營的專門技術家或經營者。由是農村裏的貧富的懸隔，日益增大。在都市也可以看見同樣的現象。照基爾特的制度，師父和徒弟之關係，極其圓滿。即經過一定年期後，徒弟可成爲師父。但是因資本的蓄積，在基爾特本身上的師父的地位，終於變成獨佔的了。於是一切徒弟不能成爲師父了。徒弟裏面如能升爲師父，是極幸運的，大多數是作一個工人終其一生。在基爾特上的師父和徒弟之區分，是這樣開始的。都市之資本蓄積，行於工商兩業。生產力之發達，必然地變爲商業之發達。中世紀之商業，主要地介在於一領域內之都市和鄉村之間。當然，我們知道從古來就有外國貿易。但當時的外國貿易，是極小規模的。生產力之發達在一方不能滿足於以從來之都市爲中心之領域之經濟商業，於是把他擴張爲以民族爲中心的大國家的領域，同時外國貿易之規模，也就擴大了。於是大量生產的商品之貿易代替了從來之珍奇商品之貿易。像這樣地由工業，農業，商業上之大經營的必要，而成立的東西，是近代之大國家。保護大經營的產業，及使之發展，應此要求而發生的，是近代國家。近代國家不是狹小地域內的封建國家，是以一民族爲主的大領域內之政治的機關。中世國家之構成基礎，是土地所有，反之在近代國家都市之商業資本，演了重要的任務，於是成立近代之大社會。在歐洲，由十五世紀至十六世紀，經過了這種社會的變革。他的根本的原因，大約如上記，若就個別的現象觀察，則如次所述。

第一是交通的發達。我們可以在十字軍時代(1096年—1273年)看見交通的最初的表現。十字軍之動機，是宗教的，但經過數回由海陸兩路之歐亞的接觸，增廣了當時的人們的見識，同時當此通路的意大利諸港的商人，及海運業者，由是蓄積了資本；並且提供過十字軍經費之各國金融業者(封建諸侯)的勢力也擴大了；而促成都市上之資本的集中。這些數次之十字軍的經驗，和十四世紀初葉的馬哥勃羅（Marc）Polo）的旅行記同樣刺激了世人之冒險心者極大。馬哥勃羅是威尼斯商人，在中國多年，廣旅行東洋諸地，作旅行記。在和亞細亞接觸的初期，發表這樣驚人的旅行記，引起世人轉向其注意於歐洲以外的各地，結果在十五世紀末葉，有亞美利加大陸的發見及好望角的迴航等世界的事件。這些交通路及新大陸之發見，不單擴大了世人的眼界，並且擴大了實生活之範圍。

第二和注意地理的發見同樣，要注意在當時自然科學之研究，是適逢革命期。依地理的發見知道了地球的狀態包涵有舊世界以外的地方，也發見了和舊世界之習慣，信仰，社會狀態不同的社會。這些事實對當時的人心，給予了重大的刺激；同樣自然科學之革命，即 Copernicus 氏的地動說把舊時的宇宙觀，根本的破壞了。由 Copernicus氏的發見，人們才正確地知道了地球在宇宙間的位置。Copernicus氏的研究，不是關於宇宙運動的想像說，而是以正確的計量爲基礎的。他的自然研究，不是神祕的，神智的，而是應用數學之科學的。

他主張眞正的知識須經過精確的計量。這個數量的觀察正是近世科學之一大特色。

第三事項是由1343年起在地中海沿岸至南歐地方所發生的黑死病的蔓延。這個黑死病經1348—49兩年，蔓延至北部，把歐洲的人口減少了三分之一乃至二分之一。其結果農奴之數減少了，勞働力發生顯著的不足，工銀遂騰貴起來。因此地主知道了勞働之地位的提高是會威嚇着自己的地位；而勞働者也自覺着自己在生產上佔有如何重要的地位。於是土地所有者和農業勞働者，同時在階級的利益上覺醒起來了。所有者和無產者的階級鬥爭，也化爲表面的事實而現出來了。像這樣的從來沒有公然地表現於社會表面的社會的不安，也取了明顯的狀態表現出來了。

對歐洲之社會，有重大影響的其他事件，是土耳其民族，向歐洲的進出。1453年陷落君士坦丁，東羅馬帝國遂崩壞。從東羅馬帝國滅亡之五十年以前起，希臘學者陸續移住到意大利來，這些學者攜帶有種種的希臘古典的著述，向意大利輸入了不少的希臘文化和學問的精神而刺激起研究學問的熱情。歐洲的新社會也因正在經驗着各種之社會的變革，故亦極歡迎這些學者所供給的豐富而新鮮的知識。這種學問的精神之振興，使人們的才能能够適應到各種新的方面，由這個希臘精神而起的學問的振興，卽是文藝復興。文藝復興大體表現於下述之各方面：多數書籍的發行，對於冒險及珍奇的渴望，智識之渴慕及其動搖，這些現象都表現到哲學及社會思想方面了。在這方面表現的精神卽是世界主義的精神。

文藝復興之最顯著的性質是當時的思想趨向於一切事物的改革。人本主義者的勢力，不至單耗消於空理空論了。他們深注意到人生之實際問題，而努力於關於人之精神的及社會的幸福之研究。在這一點可說是柏拉圖復活起來了。人本主義受柏拉圖的影響極大。柏拉圖對於文藝復興時代之空想家們（Utopian）給予了很大的刺激。

和新學問之精神的普及有最大關係的是1450年紙和印刷術之輸入歐洲。這種技術最初由亞細亞輸入的，逐漸改良而達於完成之域，又因當時知識慾的旺盛，故印刷術更加發達，終於引起了思想界的革命。當時的印刷機的完成，可以比之十九世紀的蒸汽機關的完成。

以上所述社會的及精神的進步，必然地對宗教發生影響。基督教輸入羅馬成爲國教之後，漸次變爲歐洲全體的宗教。他的指導的機關是羅馬教會。羅馬教會通全中世作歐洲之大支配者。一方依藉精神的勢力支配人們，同時在他一方而因土地之所有及接受莫大的貢獻，而掌握有經濟的權力。教會因爲要維持支配的權力，需要鉅額的資金。這個資金的籌劃不一定要藉合理的方法，作一個籌劃資金的方法，竟至於發行贖罪符。但是當時的市民之勢力漸次增大，鄉村的農民日見疲弊，主張社會正義的呼聲，滿溢山河。權威衰落了的羅馬教會，一方受了新興勢力和其代表者的詬病，同時在他方面又要受農民的反抗，這些詬病及反抗促成人們向聖經的直接的皈服。即無須羅馬教會爲媒介而直接與上帝交通。這就是以馬丁路德（M.

Luther）爲中心的宗教改革。文藝復興和宗教改革正是最顯著的兩個近代主義。

二

在近世初期表現出一種建設以民族爲基礎的大王國的傾向。在一個支配者之下，欲在歐洲組織統一的帝國之理想，早已經失掉了意義。在歐洲已經到了產出強大的王國時代。王制剝奪了封建諸侯的地位的重要性。但是意大利王制的統一尙未成就。在中世紀的末葉意大利的多數諸侯領地，和自由都市互相合力連橫組織五大政治團體，即Venetia共和國，Filenze(?)共和國，Napoli王國，Milan侯國及羅馬教皇領域。但這些政治團體的統一聯合，因受了各國之利害關係，教皇之政策及外國勢力之干涉等的阻害，不能進行。中世末葉，之意大利各都市，多喪失了政治的權利；而破壞了制度。都市內的黨派鬥爭，和各都市間的戰爭，結果引起專政者的蜂起，市民喪失了自由。專政者爲粉飾一都市的外觀，爲保持自己的權力，養兵苛斂，結果政治道德和公共的精神極其衰頹。當時意大利各都市的支配者，有若暴君，但他們之大多數確是有爲之士。他們助長文藝復興的精神，改良了市民一般生活狀態。又他們爲準備各都市間的鬥爭，常常養有野心的競爭者和勢力家。但陰謀，暗殺，監禁則爲司空見慣。故當時爲維持政治的權力，冷靜的，個人的及政治的考慮，是極必要的。獲得新時代新精神的政治論者 Niccolo Machiavelli (1469—1527)就是生於這個時代。

N. Machiavelli 氏是參加過意大利之實際政治的人。他爲 Venetia 共和都市而參加政治。他對於意大利各國之政治的透澈的觀察，及對於歐洲各國的政狀的觀察，都反映到他的政治哲學之性質和方法上面了。他是文藝復興精神的體會者，知識的自由之主張者，反對繁瑣哲學之方法和獨斷者。他又反對道德及宗教，而抱有異教的態度。他相信在政治學上，祇有歷史的方法是正當的方法。現在及將來的問題祇有以歷史的方法，才能够得到解決。在實際上，他對於當時的實際問題，確抱有很大的興味，他對於這些實際問題，加以緻密的觀察和細心的分析，然後作成他的結論。他爲保持這個結論而利用歷史。他的興味常是實際的。關於國家之本質的理論的研究，在他是無甚意義。實際國家之存立和方法，才是他注意的問題。國家是要自己維持其存立的，國家超越出個人之上。由此見地，他著述他的名著"君主論"Ilprincipe, 1514 年執筆，1532年在羅馬出版)。此外爲徹底解說君主論的論旨，再發表"戰術論"(Dell' arte della Guerra settelibri, Florenz. 1521) 及 Livio 論 (Discori sopra la prima decade di Tito Livio, Roma 1531)。尙有 "Florenz史" (Dell istorie Florentine, Florenz 1532)及其他著述。

在"君主論"中所論述的事項是國家形成問題，國防要件之軍備問題，君主問題，爲要使國家安全，所採用的有效手段及抵制外國干涉之方法等。他的特色是欲把政治從倫理解放出來。中世紀的政治學說，單是神學的一個副產物而已。一般以爲政治學常隸屬於倫理觀念，宗教觀念的。但

Machiavelli 氏的立場以政治爲一個客觀的現象，承認政治的獨立性。即政治上的必要，無須屈伏於倫理上的要求。當然他亦不是主張政治完全離開倫理而絕對獨立的，這是可以由"一政治家的思想"(1770年羅馬出版)證明的。這部書是意大利的法律家兼文學家的知名之士從Machiavelli氏的著述中集取材料編纂而成的。這位知名之士因爲有人非難所謂 Machiavellism, 故編這部書以爲答辯。不過 Machiavelli 氏因應當時的必要，故意高唱政治需離開倫理而獨立，這是不能否定的。

他並非想就於國家成立的本身而深加研究，他祇以"人類是因人口的增加，同時爲要防禦外敵而構成團體，於是選出他們中的最強者．最優者立爲君主"之說明爲滿足。又在此說明之外，對國家形態之自然的交代，加以心理的敍述而已足。Machiavelli 氏和中世的政治學者一樣，信從亞里斯多德之說，分國家之純粹形態爲王政(Monarchy)，貴族政治(Aristocracy)，民主政治(Democracy)之三者。與這些政體相對應的變態形態爲專制政治(Tyranny),寡頭政治(Oligarchy),及無政府(Anarchy)。這些國家形態經如何的順序而交代呢?最初的國是最強的,選最英明者爲元首的國家。由這個國家形態發展爲君主權相續的制度,因爲君主確保有使他的權利歸他的一族相續的權力。這樣的相續的君主到後來忘却了原來的使命,祇爲滿足自己的幸福慾望而濫用君主的權力,終於引起一般的厭惡,到後來,他的暴政就受了暴力的破壞。在這時代成立專制政治。專制者最初指導着在精神,財富,門閥上佔有優勢的人們,從事叛逆,到後來就獲得了支配的地位。但是同樣參加叛逆的自由民的大多數,不擁護專制家,在精神上及物質上援助有門閥之新貴,結局消滅專制政治,而新成立貴族政治。這個貴族政治在最初以他們的階級的利益爲第二義,而先爲一般民衆謀利益,但到後代因名譽慾和所有慾之無限制,終於搾取民衆之膏血。像這樣貴族中之少數者,掌握了實權而成立寡頭政治。這時候在政治專制的場合所起的事象,重演出來。民衆倦於寡頭政治,又漸抱敵意了。若有指導者起來，民衆便跟着他打倒寡頭政治，而行民衆政治。於是在相當期間內，民衆之節制得宜，政治的運用，亦極巧妙。但是，經久之後民衆漸次流於恣放，於是發生無政府狀態。但是，希望秩序安寧的人們，又因反對無政府狀態而選出有力者的王。由是舊時的現象又重演一次。

Machiavelli氏以國家爲人類社會的一個特殊制度，又他以爲教會是政治家當構成政策時所必需考慮的一個要素。他常以國家之安寧和發展爲念，其他之一切對於國家，都立於隸屬的地位。在意大利都市之實際政治，並不見得對教會有稍加以考慮的必要。他又因爲主張意大利的統一，而反對作最大障碍物的教皇。並且他主張，如要把意大利從外國的侵略下挽救回來，不惜採用任何的手段。Savanalora 氏欲藉道德的勢力以支配 Filenz (?)但終歸失敗了。據 Machiavelli 氏的意見，以 Savanalora 氏的嘗試是不適用於現代之抽象的理想主義。他知道欲使現實之統治成功，需要實力。政治的動機是在個人的自利心。他就於人的性質下了悲觀的觀察，以爲人的性質，全是利已的，故他努力於宣傳對獨立及自治的愛好。他决不容許欺詐及陰謀。他又知道一旦獲得了的權力一定要用和權力同様的方法去維持的。他稱贊強力的支配者而排斥朝令夕改，常在動搖中的政治，因爲這種政治會妨害國家的獨立和支配者的地位。

Machiavelli 氏明確地認識了一國的財富之分配和實際的支配權力之所在之間，有密切的關係。故他承認在社會事情不同的地方，須要行異樣的政治的形態。經濟的平等的地方，適於施行民主政治。他是承認在原有的條件下之民主政治的價值。他讚美斯巴達、羅馬、威尼斯共和政治。但他以爲這個共和政治是以有智識的，富於公共精神的市民爲前提。他討厭以土地所有爲基礎的貴族政治。因爲在多數的場合，貴族政治會引起黨派的鬥爭。據他的見解，最良好的政治形態，是各種形態的混和，因爲可以互相截長補短。適於他的時代的政治形態是選舉制的王國。但這個最良好的國家形態，亦因爲生存而不能不擴大他的領域。這種議論是從他的意大利統一的主張發生出來的。

Machiavelli 氏的功績是在使政治學說，因之亦是使社會學說和實際一致。中世之思辨的哲學上的抽象的方法和以經驗及觀察爲主的實證的方法，交換了位置。Machiavelli 氏說之可否，姑且勿論，但他在政治哲學之建設上所使用的實證的方法，正是形成近世社會學思想之特色的。在這意義上Machiavelli氏不僅僅是一個政治哲學者啊！

三

馬丁路德在 Wittenberg 教會提出九十五項質問羅馬教皇，對羅馬教會宣言宗教的改革，是在 Machiavelli 氏著述"君主論"(1514年)之三年後。主張宗教革命者的思想，與其說是近世的，毋寧說是中世的繁瑣的，他們不像Machiavelli氏那樣呼吸着近世的空氣。他們在地位的性質上，更是神學的。但是他們的中世紀的神學的態度，决不是把中世的精神不加改變，使再現於近世。他們的運動是宗教的。但宗教的不一定是要超世間的。因爲宗教的觀念或運動，到底因現世的事象，而受影響的極多。在這意義上反對了羅馬的舊教。他們反對以羅馬爲根據地，欲在精神上及經濟上支配全歐的羅馬教會之政策；而欲樹立在各民族爲獨立的教會制度。當時的舊教教會，在各國佔有宏大的土地，在教會所有地內，及管轄區域內保有充分的支配權。

但是因十五世紀末葉，印度及亞美利加的航路發見，引起了歐洲商業的革命，從那時以來世界市場遂確立了。又德國，奥國，及墨西哥的銀產額的增加，急劇地增大了商業資本，也顯著地提高了新興商人階級的社會的地位。商人階級的隆盛是經濟的勢力由田園向都市的移轉。於是土地所有者的貴族，武士爲要增加土地所得，就愈加搾取他支配下的農民。代表這些階級的近代初期國家，爲增加君主及貴族的收入，及爲要確保國家的獨立，於是把威勢不如昔日的羅馬教會一派的土地沒收，而奪取其支配權，宗教革命家對於現世的必要，給予了理論的及宗教的基礎。因此宗教革命在各國得到了他們君主的保護。由此觀之，宗教革命的運動實在是在近代經濟組織的成立，及近代大國家形成的過程上而肯定之的一個運動。以這個觀察為根據的其他事實，就是他們對於由當時農民的疲弊所引起的宗教的共產主義之態度。路德，Huldreich Zwingli 及 John Calvin 都是極力反對這個共產主義運動，而贊助國家之彈壓運動。

前已述宗教革命的理論是中世的，但同時在消極的意義上也是近世的。他們主張聖經之個人的解釋。但不是欲否定聖經的眞實。不過關於聖經的解釋，不一定要宗仰中世教父的解釋的權威，這個教會權威的否定，在消極的意義上，對於近世思想的構成，是參與有很大力量的。宗教革命家否認舊勢力的羅馬教會的權威，反對教會對俗界（國家）的干涉，這就是明確地區別教會和國家的。於是構成了以政治現象，經濟現象為獨立的現象而加以觀察的見地。他們在思想史上，尤其在社會學思想史上的地位，積極地說，並不是那樣重大的。

但如上所述 在消極的意義上，是有相當意義的。今極簡單地試述他們的社會學思想如次。

在馬丁路德之主張中，我們以爲重要的是宗教的利益及權威，和世俗的利益及權威之嚴然的區别，以及對於現存之社會的及政治的秩序之受動的服從之基督教信者之義務。路德的立場最初並不否認教皇之支配。不過他將實行在 Wittenberg 教會所揭示的九十五條質問文的時候，碰着了許多障礙。於是他才知道在羅馬教皇支配之下，欲充分地改革信仰生活，是不可能的，於是決意建設國民的教會。他的改革案詳述於強有力的小册子"關於基督教狀態的改善，敬告德國民族的基督教貴族"。(An den christliche Adel deutscher Nation von des christlicher Standes Besserung, 1520)裏面。

他的目的是在引起德國之國民感情而與教皇對抗，並且爲達到這運動的成功而需要德國諸政府的援助。他主張廢止教皇所領以外之地方的教皇的收入及支配權，而承認關於金錢，土地及其他物質的一切利益，當委之於世俗(國家)的權威者之原則，關於形成基督教之本質的信仰及慈善，主張一切基督教徒的平等。教皇，僧正，僧侶，都是統治及增進基督教生活的吏員，對於政治的秩序，不能形成何等的例外。關於這點他不能不極力攻擊他的論敵所據爲根據的中世教會法。他以爲這種教會法，是把宗教的事物和物質的事物無恥地混淆了的法律體系，是陰謀家所作成的。

第二點，即以對世俗的強權之服從爲必要的議論；在他，對於世俗的強權之神的性質，及農民戰爭，再洗禮派運動等的態度上，明顯的表現出來。路德和羅馬教會之隔離及他的異教的態度，難免受人的非難，這種非難變爲他們所屬的公侯對路德門徒的壓迫，作一個實際問題而表現。這個問題在路德的"世俗的強權論"(Von weltlicher Oberkeit und wie weit man ihr Gehorsam schuldig sei. 1523)中論述過了。世俗的強權是由神所賦予的。因爲人類之大多數不是基督教信徒，故有世俗的強權的必要。何也？基督教信徒雖然單以有聖靈的誘導而已足，但對於缺乏聖靈的人們，爲維持外界的和平及秩序，所以需要世俗的支配者之刀劍。至基督教徒本身則無須要世俗的支配者。不過他們對於他人之善亦要有所行動，在這個愛他的根據上，樹立了基督教之國家肯定論。由這個愛他的根據，路德承認基督教徒亦有爲君主挺劍而起的必要。但是路德也非難對宗教之俗權的干涉，不過容許俗權干涉的部份，祇限於宗教和物質的關係的場合。從前的教權和俗權互相侵犯，害傷了他們的能率。俗權所有者之君主的職責，不過是上帝的典獄官，是死刑執行者。他對於君主的評價過低，謂多數之君主常常是在這世間裏的最大的蠢人，最壞的僕役。但這不是證明人民可以不服從君主。因爲君主祇對神負責任的，而人民祇要服從這位君主。由此見地，故他反對再洗禮派的宗教的無政府主義運動及農民之叛逆運動，而加以非難。

路德是宗教革命之運動家，但他決不是嚴密的體系的理論家，對於路德之實際運動，把他的思想體系化了的人，在德國是P. Melanchthon氏（14

97年—1560年)。路德之宗教革命運動,先轟動了瑞士。瑞士日內瓦的實際運動家是 Zwingli 氏(1484年—1531年),他有瑞士的路德之稱。對於Zwinzli氏作Melanzhthon氏之工作者是 J.Calvin氏。(卽 Calvin 把 Zwingli 的思想體系化了)。Calvin 氏是學者兼政論家。宗教革命之主張者路德的運動,是德國全國家的。至 Zwingli 氏的運動,不過限於日內瓦地方。但是,Calvin 氏在思想上是組織的,根本的,他的影響是全歐的。至他死時爲止(1564年),他的思想及實際政治爲西歐諸國所稱讚,有多數的學生特爲求他的學說來日內瓦留學。故他有"宗教革命之立法者"之稱。1536年他刊行在宗教革命上最理論的,最完全的新教神學之體系"基督教提要"(Institutio relizionis christianae)。他在這本書裏面,論述他的社會觀。我們在這世上生存一日,卽需要國家一日,因爲國家維持宗教之純粹的教義,擁護教會之組織,應人類社會之要求,而統治吾人之生活,使我們的習慣和公民的正義相一致,增進人們間之相互了解,而確保一般之和平及安寧。人需要麵包和水，需要光和空氣，故一切的人們的財產要不受何等的侵害而享樂，各人要泯滅欺詐和不義而互相締結交易。即在基督教徒之間，要有宗教的公共的形態存在。至關於宗教和神之禮拜的法律之制定，當然不能容許。但是俗權（國家）必要承認及確保按照神的理法而成立的眞正的宗教。國家爲人類之幸福計，是必要的。國家的職能是行使刑罰，決定和戰，對於正當的收入加以課稅及維持國法及裁判權。這些職權由神賦予君主的，故人家應當對君主表示極深的敬意和服從。君主祇對神負有責任。人民惟有服從。

宗教革命家之特徵是在他們之實際的態度；這恐怕是他們之大多數是實際運動家的原故罷。這種態度是當時實際狀態的反影。欲即就現實之當時之思想傾向之一反影。像路德那樣有中世僧侶傾向的人，在多數的場合，還是用歷史的方法。在消極的方面說，是他們之所謂權威之否定。他們否定了一個權威（羅馬教皇）而肯定了新的權威

（國家）。但是一旦嘗試過了的權威之否定及個性的肯定，影響於後代之思想者甚大。路德捨棄從前的僧侶的獨身生活，而進入結婚生活，是表示對後者之權威的態度之一資料，肯定個性的近代主義之一象徵。

第　二　章

英國社會學的思想之發達

一

"亞當耕種，夏娃紡織時，
　　誰便來當紳士呢？"

上記的有名文句，是第十四世紀末英國農民的社會運動所揭的旗號。但這個運動不久就被鎮壓而消滅了。都會之支配農村，由是開始。同時英國在國際貿易塲中，也開始活動了。因交通路之發達，英國之羊毛織布及錫，變爲世界市場的重要商品，英國當局和商人都注意於制海權了。薔薇戰爭的結果，許多封建時代的名家，由是絕滅，同時中世紀精神，亦隨之消失。但因貿易之世界的發展，農業荒廢，專詞養綿羊，原來的共有地化爲私有地，須徵收地租了。農耕地被剝奪了的農民，離開了農村而流入都會，對於農民離村的傾向，雖設施了多種的法制，但終歸無效。農民的不平，就再爆發起來。如1449年Kent州 Jack Cade所袖導的農民暴動是也。他們要求能够保護他們的共通權利之鞏固的中央政府，並希望共產主義。但是，這些運動仍然妨礙不了農業經營的革命。在都會基爾特制度的基礎動搖，因基特爾份子的經濟的不平等的增加，其原來的組織，終於被破壞了。於是社會的不安和不平，支配了全英國。

當這時候，有由新的人本主義所教示的社會觀之發生"探求眞理，以智識和信仰爲社會再生之原動力的新見解"的社會觀發生出來了。當時變爲尊重知識的時代了。在基督教徒的生活中，加進了合理主義的要素。知識已經不是信仰的叛逆者，而是爲對日常生活之秩序的正當的補助者。故倫理也合理化了『知識不單是常常參進個人生活裏面的，是依教育者，立法者而應用到社會生活上面去的。人本主義者像這樣地一方注重信仰，他方則愛好知識。他們不感到何等的矛盾，他們是希臘哲學的嗜好者，同時是良善的天主教徒。T. More 氏着手著述"共產主義的社會觀"，即在這時候。

Sir T. More (1478—1535)是多才的人物。他是神學者，同時是人本主義者，非妥協的社會批評家，又是政治家。據 Rotterdam 的 Erasmus 氏致Ulrich von Hutten 氏的書信說，More 氏最初是委身於希臘文學和哲學之研究，其後熱心研究諸教父的著作，至最後著述爲柏拉圖的汎神論辯護的對話篇(A. Dyalogne of Camforte agaynste Tribulacyon, 1534)。他在青年時代已經做過關於 Augustine 的"神都"(Civitas Dei)的演講。這個講演實在是光怪陸離的，爲要聽他的說破基督教的信仰的神祕，聚下了不少的僧侶。但是，他不希望神學的職業，他的性情是喜歡作社會批評。他就於Bishop Morton所研究的教育和法律所得結果，使他通曉了當時代的經濟的及國家的問題。他不單是口舌之士，而且是實際的政治經濟家。他對於經濟問題造詣之深，由他的對於倫敦的布商和僑居倫敦的 Hanza商人間之訴訟事件的裁判及奉亨利八世的使命和荷蘭諸國協訂通商條約而出使至Antwerp，及最後作亨利八世之大宰相等事實可以證明。但是，使他在歷史上留有不朽之名者，不是這些實際問題，而是他的一篇名著，"烏托邦"(Utopia)。

據 Erasmus 氏致 Hutten 氏的書信， More 氏利用駐在 Antwerp 的餘暇，先執筆寫烏托邦(Utopia)的第二篇，其第一篇是以後高興時才加進去的。原書是用拉丁文寫的，於1516年末用 De Optimo Reipublicae Statu, deque nova Insula Utopia的表題在Levant地方出版。初版經過不及二年，即在Basel 地方再版(1518年)。其次在巴黎(15

20年）及其他各國者有新版的發行。最初的英譯本是於1551年由倫敦的鍛冶工程師Ralph Robin-son發行。德，意法諸譯本皆先於英譯，重版至幾次不得而知了。

More氏的烏托邦的立場是基督教會教父之倫理及政治思想和人本主義的哲學之合一。他欲把這種思想適用於社會組織的問題，尤其是想適用於由封建制度至資本主義，即由農村經濟至貨幣經濟過渡期間之英國社會。他的立場以爲對於人類之道德的生活，共產主義比私有財產制度爲有利，在這一點可以說是中世的思想。但是，他的立場決不是純粹中世的，中世教父及教會學者係從抽象的道德原理，及從聖經的章句而立論，慨嘆人類的罪惡，謂爲是自然的及神的狀態之消滅的結果。至More氏的出發點，則先研究當時社會之實際狀態，然後樹立改良社會的方策，這是愛國的天主教政治家的立場。

Utopia（烏托邦）是希臘語，即無論在什麼地方都沒有這樣的國家的意思。由此看來，當然是他的想像的產物。助成他的這種想像的，是當時的地理的發見。亞美利亞發見者 Americo Vesputii 氏於1501年由 Lisbon 出發，他有名"新世界"的著述(Mundus novus,)述航海的記事，其間所發見的新島上的人們有聽從自然之所命而生活，共有財產，無國王，無主權，各人獨立自主。又在其他的記事(Quattuor Americi Vesputii Navigationes) 裏面謂歐洲人視爲貴重的財富，如金，銀，珍珠，寶石等，在他們自然人不形成何等的財富，並且輕視之。More氏是法學及教父學的研究者，熟悉自然法的議論，故關於在自然狀態中生活的人們之道德的優越，不抱有何等的疑問。他以爲自然狀態是天眞的狀態 (Status innocentiae)。他們的這種狀態和共產主義有密切的關係，這是從諸教父的著作可以知道的。在烏托邦書內常常關說及自然法及順從自然的生活。More 氏又受了當時勃興起來的合理主義的影響。但他對基督教的信仰，甚爲堅固，决不以純粹理性和哲學代替神及神的命令。烏托邦是主張兩者的並存。

烏托邦分爲兩篇。第一篇是敍述當時英國實際社會之狀態，對於經濟的，政治的諸問題之批評。第二篇是理想的共產主義社會的展開，即社會改造論。像這樣的烏托邦是由對話的傳奇而成立的。傳奇的場所是Antwerp，傳奇的主體是南美洲的某國。登場人物爲 Hythloday, P. Ejidus,(?)或稱 Jirus(?)及 More 本人，對話是這三人間的問答。Hythloday 氏是和A. Vesputii 同伴的航海家，通曉希臘文學及哲學的典型的人本主義學者，他不慕富貴，主張澈底的共產主義，並且是烏托邦島之發見者，爲烏托邦極力辯護的人。Jirus是商人紳士，在普通的意義上，爲極虔誠的基督教徒，是良善的市民，也是教父，他滿足於他本國的法律，深信沒有比他的本國更優良的國家，他以爲他的國家有悠久的歷史，社會的經驗也極豐富，决不會比烏托邦爲不幸。More本人對於 Hythloday 的敍述則取批評的立場，他對於 Hythloday 的社會批評雖極力稱讚，但關於共產主義社會實現的可能性，不一定和 Hythloday 相同。要言之Hyth

-loday是烏托邦傳奇中的主要人物，是共產主義的主張者。至於 Jirus 是現制度的擁護者，在傳奇中不是重要的人物。More 雖然認現在社會之短所，但對於共產社會之可能性，抱有許多的疑問，故他取批評的立場。他作一個社會改良家，欲採取共產主義中之實行可能的部份而應用之。這三個人的對話及批評的烏托邦的內容略述之如次：

先就社會批評說起。勤勞之民所得報酬甚少，不勞之民所得反厚，這决不是社會之平等正義的實現。公卿紳士，銀行家，高利貸等不勞力而收入甚多，維持國家生產的農民，勞働者，小工業者等，則多勞而所得甚少。不單如此，勤勞者的負担，比牛馬的還要苛重，他們在勞働間所得的勞働的報酬，祇是貧窮及使他們不能勞働的衰老及疾病，於是達到極窮的境地。又如一切的法律是他們之敵。故知我們此日稱爲國家的（Commonwealth），其實是爲富者獲得幸福的陰謀而已。貨幣和傲慢是一切罪惡的根源。故要貨幣廢止了後，一切犯罪才可以消滅。貧窮在外表像是由貨幣之缺乏而起的，其實他可以由貨幣之廢止而消滅。富者也注意這點而企圖社會組織的改良，但是他們的傲慢妨害了這種企圖。傲慢是利用他人的不幸，而增進自己的幸福。在英國之特殊的害惡，是土地之私有化，和轉化耕地爲牧畜地。從前是溫馴的羔羊，因羊毛工業的發達，變爲狂暴的，滅亡了多數的農民和他們的土地。紳士和僧侶在產優良羊毛的地方，化耕地爲牧畜地；他們不以從來由農業所得的收入，閒暇，快樂爲滿足，而不斷地貪求富財。他們的無厭的慾望，驅逐農民離開了農村，而代之以綿羊，並且他們剝奪農民的土地，不擇手段，不問其爲合法或不合法的暴力，或欺詐。農耕地減少的結果是食物的缺乏，羊毛價格的騰貴，使小經營的織物業者失業，於是英國的財富，集中於少數人的掌中。土地之兼併，資本的集中，結果使失掉了勞働機會的無數的勤勉的勞働者們，盡無事可做，虛度光陰。結果，因生活之不安及壓迫，遂變爲強盜，竊盜，及浮浪之徒，而增加社會上的犯罪。失業者不做竊盜卽當乞丐，故無論用如何嚴酷的刑罰，也不能使犯罪減少。不探究犯罪的來源，而祇欲清末流，這豈可以說是實現正義嗎？

然則矯正這些社會的惡害的方法如何？向國王進言改革，有效力麼？向國王進言共產主義的改革，有效力麼？Hythloday氏以爲是無效的。More氏以爲這件事不一定是不可能的。Hythloday 則以爲國王及政府祇熱心於征服外國，擴大領土，軍備，及收入等，他們的近待，也在照此計劃，援助政府，他們爲君主揚武耀威，壓迫人民，課收重稅。在這樣的狀態之下，共產主義的改革者，立於王庭不被輕視，則被同化。故唯一的對付策略，是全社會之徹底的改革。私有財產制度若不推翻，則國民中勤勉有用的人們，所得的報酬，不過是過勞與貧困。唯一的救濟方法，是共產主義。

烏托邦島的人民，因爲採用共產主義，在地面上作成了樂園。但共產主義因爲廢止了一切的私有財產，消滅了自利心，結果減却了對勤勞的刺激，能够保一般人不陷於懶惰，不陷於貧困麼？這種非難是以社會現狀推測共產主義的。至於烏托邦島的人心，受了共產主義組織的訓練，這種非難是不成問題的。然則這個共產主義之組織何如？

烏托邦是哲學家的國王 Utopus，征服了荒涼的半島，使化爲繁榮的國土，故以王的名名其國家。這個烏托邦的繁榮方策是教育和共產主義。她的政治是中央集權的計劃的社會組織。全國分爲五十四行政區域，各區域有主要都市，以營運百般的社會生活。處理全國及各行行區域的行政的人，由選舉選出之。以農業爲生產的基礎，即都市之住民，亦定有一定的期間至鄉村從事農業。全國民衆除老幼病弱及研究學術者以外，都負有六時間勞働之義務　嫌惡的勞働則由國內的犯罪者及外國人之貧苦勞働者負担之。在家族制度則維持嚴格的一夫一婦制。

總之More氏的烏托邦，是受了英國實際社會狀態的刺激，以共產主義爲改善進步之一方策，而加以敍述批評的。不像從前的共產主義以爲是直接的神的命生，及自然法所主張的結果。她是以當時的實際狀態爲出發點，此即她的特徵。這種主張，已如上述，不是和宗教的分離，而表示出尋求宗教和哲學之合一的過渡期的性質。More 氏的烏托邦，不單在當時對思想界給與了非常的刺激。當然，他的這種理想鄉的敍述，是受了柏拉圖的汎神論的影響，但他的影響也不在柏拉圖之下，在當時的英，法，德，意各國，像他的烏托邦一流的傳記，極其流行；卽到今日，關於理想鄉的傳奇還是很顯著地受了他的影響。這是可以由一般釋 Utopia 爲理想鄉的事項而證明。關於近世的理想鄉的理想有兩個形體，一個是中央集權的計劃的理想，一個是自由的無政府主義者的理想。More 氏的烏托邦是集權的計劃的理想鄉之最典型的。

二

痛切地感覺到不滿和壓迫之英國農民，在 More 氏被處死刑後十四年，卽於 1549 年起了暴動。他們起來對於土地和作他的勞働結果之生產物，要求自由權。這個暴動是對付村落共產團體的破壞之最後的國民的運動。這次運動的失敗是對於中世紀以來所行的共產主義運動之致命傷。從來在廣汎的基礎上，行過這種共產主義運動，是可由當時的文章證明的。牧師兼印刷家，副僧正的新教徒 R. Crowley 寫實地敍述過 1550 年地主和農民的對立。在英國之基督教上的否定共產主義運動，是由 Vision of Piers Plowman 的著者 W. Langland 氏 開始而由 Bishop Latimer 氏完成之。Latimer 氏雖然是否定共產主義的人，但在說教中曾述當時的情態而是認共產主義運動的勢力。因時代變遷了，共產主義運動早已經不得教會和國家的承認，祗是受非國教派的極左派，革命的合理主義，勞働團體的擁護而已。社會一般表現着個人主義的傾向。牠的先驅者是伊利沙伯女王時代。當時的代表的文人是Spencer 和 Shakespeare, 都是非共產主義的，非民主的。這是當時的時代精神。勞働者階級敗北之後，對共產主義失了信仰。政府之社會改良政策遂代之而起。初期資本主義生產的形態，很明瞭地在社會的上層建築上，反影出來。

因伊利沙伯女王之登極，宗教革命的成就，西班牙人之佔領Antwerp，無敵艦隊之敗滅，同時受壓迫的英國的潛勢力，一時發展起來，成就了作近代英國之序曲的學藝復興。發見及發明的精神，實驗及企業的精神，勃然而起。對制海權和政治的自由之熱望，籠罩着全英國人。中世的精神，漸頻於死滅。F. Bacon (1561—1562) 打破了繁瑣哲學，努力于圖科學福音的普及。他的 Novum Organum 是純粹的實證主義的著述，他的 New Atlantis 也是科學的實行之理想化。

Bacon 氏一方代表當代的精神，在他一方是勃興中之王權的擁護者。他比後起的王權主張者 Hobbes 氏先進一代，高唱對於政治及宗教的國家之絕對主權。他做詹姆士一世的宰相，執掌實際政治。故他的政治論無疑地是時務的，常識的；其主要點是在如何地擴張王權，如何地宣揚國威。他以此目的，在1581年草"奏伊利沙伯女王的建策"，又在"關於英國教會之論爭"裏面，詳論這個趣旨。他的"論文集"（1597年）裏面則避開政治論。但是，這個論文集的1612年版及1675年版追加有各種論文，在這些論文裏面，充分地展開政治哲學的見解。王權之擴張是其見解之一。對於實際社會的科學應用是其二。

Novun Organum 是展開他的科學方法的論理學書，他的理想鄉 New Atlantis 是這種科學的研究方法的副產物。這個理想鄉是他的論理學上展開出來的原理之組織化了的自由和正義的國家。與More氏的烏托邦，在精神上是不同的。More氏是文藝復興時代的人本主義的代表者，他高歌對於汎神論及對一切之理性的人們的平等社會權的承認。但Bacon 氏是自然科學時代的代表者。他以爲究極的再生和完成，不是在從來財產法的改革或世界革命，而是全賴科學之進步及根據科學精神的生活的規制。在 New Atlantis 裏面他熱心地宣傳祇有科學的方法是達到人類生活之完成的手段。在Bacon 氏以爲實現理想鄉的新綱領，是在藉智識和發明去改造社會。他信賴自然科學。他主張把捉着自然的祕密，利用到人事上去，才能够獲得人類社會的幸福。而增進人類社會的幸福，又是國家的目的。君主有統治國家的才能及情操，要形成以家族爲單位的自足的國家。

New Atlantis 裏面最特色的事項，是有"Solomons Home" 之稱的大學。這個團體是由獨立永久的學者及研究者而成立的，爲一般作科學的研究，是在這世間從沒有過的最崇高的團體，知識的明證。他的目的是在依實驗，研究，旅行等而獲得智識，研究及報告自然和人類的風俗，增進世界智識，以發見可以形成社會之進步和幸福的原理及眞理。這些想像就是那時代的精神。當時的識者以爲先要以科學的方法增進外界的文明然後可以除去社會之一切的害惡。這正是和單以思辨的研究可以救濟社會的害惡思想相反對，亦是當時的自然科學之進步，及生產力之發達的反影。總之，Bacon 的理想鄉不是建立於財富的共產上，而是以智識之共產爲基礎。但是，Bacon 並沒有覺悟到單依"爲智識的智識" 及單純的自然科學的智識，而沒有何等社會的支持，是不能增進社會之幸福的。

三

因有近世之大國家之建設，同時探究大國家之理論的基礎以及關於這個國家內的權力之分配及集中之議論漸次興盛起來了。在近世國家，對於宗教權，企圖俗權之確立及優越。由這點看來，是不能在神學裏面求牠的理論的基礎。於是向道德哲學求理論的基礎。由中世入近世之後，無論在任何地方，神學對道德哲學都是居於從屬的地位。神學或信仰對於社會之思想不能作充分的根據時，則常求之於其他之道德的根據，在這場合向思辨的哲學之道德哲學求根據。道德哲學之精神是自然法，是不充分的歷史的形態上之抽象的倫理。自然法之最大特色，主張在人類之原始狀態是無私有財產及國權的存在。中世的共產主義及政治思想的基礎即在這點。中世的思想之歸結，是個人的王權由神授予的，故爲正當的。而私有財產則附帶有罪惡的。但是，近代英國社會之要求，對於這個自然法，欲加以新的解釋。英國社會的狀態，正與中世的思想之歸結相反對。當然，在英國也有論證王權之正當的人（如Hobbes），但一般大勢是王權的篡奪，而主張祗有私有財產是正當而神聖的。這個事業由一般道德哲學者——以社會契約論和勞働價値論為其理論的根據，主要的是新教的法律家，及政治思想家——而成就了。契約的觀念，在舊時的自然法上，不過表現了他的片影。何也？在血族的社會之社會關係，主由強權和傳統而決定。僅在中世的社會，看見他的萌芽而已。在中世封建地主及諸侯和家臣的關係，好像是根據契約的，但大多數的民衆，是生於一定的身份而生活，在一生涯中不受何等的大變化。但在都市方面則事情稍稍不同。都市內住民是個別地移住於都市的，在都市裏形成各種的團體，促進商業的繁盛，由是有取決於契約的必要。像這樣的工商業的隆盛的結果，變為對國民生活之都市的支配。自作政治的中心之都市成立以來，如Henry Maine氏的主張，以契約代替了身分。

在近世對於英國思想有最顯著的重大的影響的契約論者，是 Hugo Grotius (1583—1647，De Iuri belli et Pacis, 1625)，他從諸教會之教父學習，想像出美麗的自然狀態，人類的墮落，市民的社會及私有財產的形成等。在自然狀態是行共產制度，沒有人的統治。但人類墮落之後發生罪惡，於是社會狀態有改變的必要。人們就由契約而棄却了共產生活式樣，最初在動產上，其次在不動產上設立私有權。同樣依契約建設市民的社會，設定最高的權力。但Grotius 氏關於對設定的最高權力之契約者的反抗權，沒有明瞭的議論。

對自然法上的共產主義的及美的要素，極力加以攻擊者爲 T. Hobbes (1588年—1679年) 氏。主張專制王權的 Hobbes氏，在長期間中受了與此傾向相反對的英國社會之蔑視。他的意識得到簡明的表現，是由於德國社會學者 Ferdinand Tönnies的努力。他的社會觀，國家觀上的重要著述是 "Leviathan or the Matter, Form and Power of a Commonwealth, Ecclesiastical and Civil,"

(1631年)。此外尚有二三種著述，如 Elements of Laws Natural and Politic. 1640；及 De Cive,(1642年)等書是。

Hobbes 氏把社會觀置於人性的本質上。在他以爲人類本來是自私自利的東西，快樂及痛苦的感情，是他們活動的原動力。在利己心不受何等掣肘而自由活動的自然狀態裏面，就發生人對人的鬥爭。這個萬人對萬人的鬥爭，決不是能滿足萬人之利己心的。這對於一切人們反爲是危險狀態。原始的契約，消滅了這個一般的危險狀態。脫却鬥爭的場面，而進入組織的社會生活，是一如亞里斯多德所預想，不是因爲人類有社會的本能。人類脫離了會危害及生存之安全及利益之鬥爭狀態，而締結原始的契約，放棄了他們從來所有的個人的權利的一部，委之於個人或團體掌中，這完全是起因於人類保存自己的本能。國家是這樣地成立的。國家不是征服者和人民之間的契約，而是由一般人們之意志作用而成立的。一切的權利歸諸有這樣組織的國家。國權之所有者，是現世的上帝，他不受何等的法律，契約，義務的束縛，對於任何人也不負責任。國家主權對於做臣下的個人，及其財產權利，良心，信仰等有絕對的權利。故所有一切之國家的分割是自相矛盾的。國家是唯一的權力者。法律藉國家才能成立的。故自由在立法者當立法之際認爲例外的範圍內，才成立的。

國家是一個人格。國家是有Leviathan之稱的巨人。他可以擬之以有生命的有機體，但不是自然的人，而是人工作成的人類，賦有人工的生命機關，例如機器，鐘錶一類的東西。關於保持這個生命的國家形態，Hobbes 並沒有要求何等特定的形態。他寓居巴黎時，曾作查理斯二世的師傅，但他不堅持須要個人的國王。他不信王權神授說，以國家爲完全人爲的制度，像這樣的絕對的國家，不論是君主制，貴族制，民主制等形態，均可採用。在事實上他以爲民主制容易陷於演說家之寡頭政治，而相信強固的王制可以減少黨爭的弊害。又他以爲不單是個人，卽結社團體也不過具有相對的正當性而已，在根本上是無何等權利的。否則在國家裏面，會再形成出國家來。

如上所述，Hobbes 是專制的國家之主張者。但據他的主張，這個國家不是爲特權階級而立的國家。國家是保持一般的安寧和秩序的機關。他的原始的契約是按次述的根據而締結的。卽人類在作自然之第一原則，可以確保和平的所在，要求平和。故，第二，個人在確保其安全之後，放棄從來對於萬物的權利，以得到自他共同享有的自由爲滿足。第三，由是以私有財產之自然法則爲根據的契約遂締結起來了。更進一步，根據相互的要求而發生其他的契約，在這裏由對權力之意志及對自己的權利之思想，發生依存於理性和全體意志的客觀的法律的觀念。一般的法制之結果，人們放棄其在自然狀態時的無制限的利己的追求——其結果一般會發生戰爭，野蠻，貧困，恐怖等——而進於平和，理性，人情，社交的世界。

國家是超於個人以上的。個人對國家要放棄其各個的意志，結果國家對於個人有絕對權。Hobbes 在這樣的專制主義之理論的辯明上，給予了純粹的個人主義的出發點。從來以國家爲神之命令，現在則變爲由個人組織的地上的國家了。在有論究國家本質的必要的時代，他由個人出發而達到國家至上權的議論。在英國的商人階級的經濟的發展和他們的政治的權力之伸張，要求以個人出發，以個人終結的國家觀。這是極自然的現象。十七世紀的光榮革命的成就，做了英國布爾喬亞階級勃興的烽火。代表他們的政治及社會觀的人，是經驗哲學家 John Locke氏。

四

J. Locke (1632—1704) 氏是否認專制王權的。在這一點他和Hobbes 立於正反對的立場。但是和 Hobbes 同樣以自然法爲基礎而形成他的社會觀。在社會思想史上之他的重要著作是"政治雙論" (Two Treatises of Government, 1690)。如 Frederick Pollock 所說，這部書，尤其是第二篇，對於非法律家的著者所編的英國憲法有最大的貢獻。這部書影響於十七世紀末的英國者極其偉大。

美國獨立運動的指導原理，可以說完全是以此書爲準。但從來這部書的聲名遠不及他的哲學的著作。(例如 Essay Concerning Human Understanding, 1690. Letters on Toleration, 1689)。在“政治雙論”裏面 Locke 氏之目的是承認光榮的革命，決定由這個革命而即王位的 Orleans 之 William 在英國政治上的地位；同時對於由光榮的革命而獲得的英國民權運動，給予理論的基礎。

Locke 氏也想像着了作社會契約的傳統之自然狀態。社會契約論者，同時是王權擁護者的 Hobbes 氏，如上所述，以在自然狀態中的人類爲徹底的自利追求者。反之，在 Locke 氏則以爲自然人決不是徹底的追求自利者，他們是可以以理性啓導的道德人。他說，“以自然人爲單依自然的慾求而活動”的學說是謬誤的。人類在最初，是在離開他人而獨立的完全的自由狀態中生活的。故他由自然法之所命，不能不行動。自然的的理性告訴了他們，依自然法，應如何地行動。由此見解，則 Hobbes 所謂禁止對於他人加精神的或肉體的損害的現象，不是在社會生活成立以後才發生的。在自然狀態的時候財產制度及關於其他的秩序，已經保持着的。一般自然法既見成立，則此自然法當然得了一般的遵守。何也？若不能得一般的遵守，是不合於法之目的故也。在自然狀態也一定有強制人遵守這個自然法的權力之存在。但是國家尙未成立，施行這種強制的一定是個人相互強制。破壞自然法的人，必受刑罰，這個權亦相互地操諸個人。被刑罰者可以為加刑罰者勞力，而免受刑罰。這就是奴隸之起源。自然狀態雖是一個孤立的狀態，但不單有財產權的存在，並且有法的刑罰執行之萌芽，及律限勞働和支配關係的法律之存在。

因這些觀念的擴張，Locke氏承認在當時勃興中的資本主義的經濟組織上之諸關係，並欲加以說明。即對於工銀，利息，利潤，地租等現象，解釋為從來所行的自然的關係。這個立場在他的"土地私有權論"裏面，表現得最為明顯。上帝把土地當作共有財產賜給人類。但是，一切的人們應其人格而有財產權，卽應人格活動及其結果而保有財產權。故人對於存在於自然狀態中的事物，加以勞働的時候，是把他自身的東西，付加於這個事物之上了，由這種付加的事實，遂變爲他的財產。卽自然人所取得，所耕耘的土地，是他的財產。但是Locke 的見解，並不是主張加了勞働的土地之全部卽爲那個人的財產。不過單以在個人生活上有用的部份，由那個人的勞働，而給他做財產。Locke 的這個主張對於在自然狀態中的土地私有財產之佔取說，欲給予一個自然法的理性的基礎，而不是欲論證現代的土地所有之不當。何以言之？因爲在現代由貨幣的發生，一個人可以集中多額的貨幣，他無論用如何的方法使用這些貨幣，都可以得一般的承認，故這個人可以用貨幣正當地購得廣大的土地的原故。Locke 又舉出土地私有化的理由，他以爲在自然狀態的土地，是廣大豐富的，一個人之佔有土地，毫不會使他人感到土地之不足。又上帝是以土地爲人類之共有財產賜給下來的，上帝不欲常置土地於荒廢的狀態，故土地之私有化。實在是最有用的土地之利用。

據 Locke 的意見，自然狀態是自然法的，理性法的狀態。但這個狀態有時因暴力而被破壞，遂發生鬥爭的狀態。Locke 和 Hobbes 同樣承認自然狀態中的鬥爭狀態，但他不以之爲國家成立的根據。Locke 以爲國家成立之根據，是由神賜給人類的理性的慾求和團體的傾向。第一的團體是男女性間，其次是親子間的團體，有時加入婢僕奴隸，在家長支配了成立一大家族。但這種狀態不能作充分的社會生活。故這個家長放棄了他的支配權力，而加入更大的團禮，制定一定的行爲規範，即制定法律，而立一個有實行這種規約的權力的人。像這樣，遂成立了國家，或政治的社會。國家成立之最大必要。是在私有財產的保護。

故 Locke 之所謂國家是因爲各人欲獲得維持及增進其個人的利益，而組織的團體。這個個人的利益即是生命，自由，健康及外界的事物如貨幣，土地，家屋等之所有。公平地施行關於"所有"的法律，對於一般人民確保其"所有"，即是國家的義務。受了執行這種義務的委託的人，即是國王。國王並非爲頒布他個人的法律而設立的。他祇是執行人民或他們所選出之代表者所制定的法律而已。他不過是一個行政部的主腦。立法之權不在國王，而在人民。這就是以後由孟德斯鳩發展出來的國家的分權。如上所述，國家是因爲特定的目的，即爲自由的保護而建設的。故國家不能超出爲這種原有的目的之職能以上的。這個國家職能觀到了後來，變爲自由主義的國家觀，在英國佔有確固的地位了。

五

到了十八世紀，社會契約說漸次喪失了他的意義。一般都明白社會不是像從來那樣由孤立的個人或個別的家族照契約而形成的。又眞正的市民的或政治的社會（國家），不是最初的社會形態。其理由有二。

第一是論理的推論。這是以個人或家族孤立地生存着的自然狀態爲一個擬制。（Fitcion）何也?人類因爲他的小孩子們的生存上之必要，常當親子共同生活，縱令小孩子們達到了可以營獨立的生活以後，防禦野獸之力，仍然薄弱，故繼續營共同的生活；並且這種家族各以數組而作羣居的生活，這是一般的推測。

第二是人類學的資料之增加。到了那時候關於美洲大陸之固有種族之社會制度及風俗之硏究極其盛行，這些種族在新大陸雖尙保持野蠻狀態，但能形成村居的家族，村落共產體及種族等形態之社會。知道了這些事實以後，才明白契約上的孤立人或孤立的家族不過是一種假定而已。

像這樣的，十八世紀的思想家知道了人類從最初起形成了如何的形式的社會。社會契約說的根據，遂崩壞無遺了。這個破壞的事業，在英國進行甚緩，反對契約說的學者，有 W. Temple 氏 B. de Mandervil'e 氏, Shaftsbery 氏, J. Bolingbroke 氏, J. Harries 氏, D. Hume 氏, A. Smith 氏及 A. Ferguson 氏等。

社會契約是從理性探求社會形成的根本原

因。人類是依理性之所命而形成社會。但是，因社會契約說之崩壞，終於求社會形成之根本要素，於感情中了。理性不過是社會成立後的規限社會之一種東西。到這時代'不單是注意於國家的問題，更進而認識離開國家而和國家對立的社會，這可謂社會科學之偉大的進步。達到這個認識的是要經過道德哲學和經濟學。英國的社會經過了十六十七兩世紀的王權及國權擴張時代，工商業甚爲發達，到了十八世紀中葉，國家對產業之保護干涉，不單不能助產業之進步，反阻害了產業的發展。經濟的自由主義應這時代的要求，遂提倡起來。但是作牠的理論的基礎，有更進而探究社會及國家之本質的必要。以國家爲全社會或爲唯一的社會，而置於至上的地位，則國家是立於可干涉一切社會現象的地位，這是大國家成立當時的狀態。但是，到了一領域內的產業不藉國家的保護而能獨立的時候，這個別社會的觀念形態（Ideologie）遂要求和國家相對立的社會。這個要求在理論上，事實上都是正當的。到了這時候國家和社會的觀念，自然地和從來的不同了。對契約說的反抗，即是應此要求而起的。

十八世初葉的雄辯的政治家 H. St. J. Boling-broke 氏（1678—1751 Fragmants or Minutes of Essays in Works of H. J. B. Edites by Oliver Goldsmith）。即採用這個新立場。人類是由始原時代即形成社會的。最初的男女和他的子孫作成原始的社會。因家族的擴大，爲全體的幸福計，遂成立一定的公權，服從，規定，從屬，等關係。這個大家族再和其他的家族，作成團體的生活，於是從來的單純簡單的規定就不能適用了。這個單純簡單的法，在種類上及在量上都增加起來了。在這時候，就有哲學者和立法者起來組織政府，制定法律。但是，法是對人的而不是對社會的。立法者所視爲法者，在自然的狀態中的家族已經有共同遵守過的根本法之存在。家族因爲要形成應當發展的他種的社會形態，對政府放棄了其根本法，一切的法律即包括在這裏面了。Bolingbroke 氏的這種國家成立說，在十八世紀初葉佔有重大的勢力。

關於這點，比 Bolingbroke 氏的議論更加進步的是 Shaftsbery 的學說。Anthony，Earl of Shaftsbery（1671—1713）在他的著述（Characteristics of Man, Manners, Opinions, Times in three Volumes, 1713）裏面，論述社會之成立及其發展的問題。Shaftsbery 氏以為人類原來就是社會的動物。故人類由最初起即生活於社會之中，即世界中無所謂非社會的人類的狀態。獨立人不過是一個假定而已。讓一步說，縱令在人類之原始的時代，有獨立人的自然狀態存在，在這狀態中的人類和我們今日的人類在本質上是不相同的罷。孤立人沒有何等的言語，缺少形成現今人類的本質之諸性質。何也？因為這些人類的性質，是社會的影響的產物。人類既然是社會的產物，故在缺乏社會影響的地方，決不能形成人類的本質。人在幼年時代是無能力的，即長成後仍不能自給自養，無能力防護自己。這些性質已經是作了世人之互助的前提。即為防禦及食料生產計，有和家族成員共同生活的必要。由是知人類在原始時代，最少是在家族結合狀態中的。這個家族結合，漸漸變爲氏族，終於發展爲民族。

W. Temple (1628—1699) 氏亦是社會契約說之反對者。人類爲養育子孫，爲生產生活資料，爲圖自己之安全，以多數者之協力爲必要，故常是作社會的生活。像在動物界所能看見的，祇有賴結合始能防衞外敵之侵略的，又爲要獲取食物不能單獨地對付其他動物之動物，都是營大小羣居的生活。故草食動物多是社會的動物，而肉食動物常過個別的或一對的生活。像人類就是營共同生活的典型的動物。

如上的議論，是由對於原始民族生活之知識之增加，及法律有可變的性質之認識兩現象而起的。前面已經說過，在十八世紀，關於原始民族的智識，甚爲發達。丹麥大學教授 Jons Krafft氏，(Die Sitten der Wilden Zur Aufklaerunz des Ursprungs und Aufnahme der Menschheit 1766.) 是這方面的第一權威者。他們研究原始人的學者說，人類常生活於社會內的，像這樣的共同生活，在相互的行動上，以有可以作規範的一定規則爲必要，同時爲維持這個規定，須要一定之公權。這個公權最初操於家長之手，其次移於大家族的主腦，又其次移於酋長。因社會的擴大，到最後公權遂變爲國王的權力，政治社會由是成立。

最明瞭地論述這個見解的人，是David Hume(1711—1776)。人生於社會裏面，因自然的傾向及習慣的必然性而組織社會。這個社會因爲本身的擴大，同時因要執行法律，故必須構成政治的社會。現在之巨大的政治機關之目的，是在維持法之秩序。然則在這社會，國家權力如何成立呢？據他的見解，國家不是依契約而成立的，國家是由以前之家族團體及血族團體徐徐地發展而成的。

A. Smith氏(1723—1790)(Lectures on Justice Police, Revenue and Arms Edited by E. Cannan, 1896)也贊成這個國家成立說。不過他置重於國家成立上之私有財產的職能。當然，在戰時的指揮者也得爲國權的保持者，但比指揮者有更加便宜的是大財產的所有者。軍事指揮者及元老依多年的經驗及知識，增高了對公權的權威。權威之認識，本屬於貴族名門，但在財產家也是最良好的條件。Smith 氏是自由主義者，雖然完成了 Locke 的國家職能說，但他所看見的國家職能，是在"所有"的自由，因之使國家的成立，和私有財產的成立，關連起來了。在中世以私有財產爲罪惡，國家是依神之所命而成立的議論，到了十七世紀，他的價值顚倒起來了，一般主張私有財產之神聖，而制限國家的王權；到這時候，國家是爲私有財產而存在之國家了。第三階級的社會哲學，也完全成立了。據 Smith 氏的見解，在原始游獵民族間是無統治機關的存在。他們不過是依自然法而生活而巳。其後發生家畜羣的私有，結果即發生財產上的差別。到這時期才得着不斷的統治機關的成立之機緣。到私有財產之成立爲止，尙沒有何等的政府存在。何也？因爲政府原來之目的，是在使富財安定，對貧者而保護富者。例如在游獵的社會，一個人有五百頭牛，但別一人則一無所有，在這個場合，若無何等的統治機關以保護所有者的所有權，則所有者恐怕難以[illegible]他的所有而保持之了。財產上之差異對於財產所有者和無產者發生很大的影響，即因無產者在生活上，是附屬於有產者的。何也？飼養家畜的結果，可以無須和從前那樣爲生活而游獵了，藉由家畜所產的生活資料，即可以生活。於是這個家畜變爲財產而被所有了。故無產者要附屬於有產者，因之即發生以"所有"爲基礎之政治組織，即發生國家。

否定社會契約說的這些學說，在區別國家和社會的異點之外，更對舊學說引起了一大變化。不過能區分國家和社會，已經是很重要的了。到這時期，一般都知道國家不即是社會了。在國家以前已經有家族的社會，村落團體，種族的社會等之存在。國家在本質上和社會原沒有何等的差異，不過國家决不是唯一的社會。國家是在高度的發展中之一社會，是社會之最高度之一形態。故社會可以區分爲兩種形態，即原始的社會形態及高度的社會形態；家族的社會，種族的社會，人羣，是屬於前者，這種形態的社會，跟著時間的進行而向高度社會發展，變爲政治的社會，名之爲國家。

關於社會之構成要素之見解，和社會契約說，也不見得有本質的差異。社會到現在，一般仍以爲是作共同生活而互相結合的個人的集積。不過社會契約說以爲這些個人的祖先，是由自由意志而結合的；至於契約說的反對者，則以國家是由家族的社會發展而來的。由此觀之，據英國十八世紀之思想家們的意見，社會的特質是由相結合的個人之特性之總計而决定的。一定的個人形成一定的社會。由屬於這個社會之個人特質之和求得其平均，即形成這個社會的特性。故個人性質，决定社會之性質，並不是社會决定個人的性質。人是獨立的，由自然作成的，神或自然對於這個生物，賦與個人特有之本能，慾望，感情等，這些本能，慾望，感情等，在社會生活上，應人的才能而活動。但是在十八世紀之思想家中，例如 A. Ferguson 氏則不以個人爲獨立的，而視作同種的人類之一員。這個學說在當時尚未得到大勢力。

英國十八世紀之思想家，由上述的見地以爲社會及國家生活，不過是人類之本能及感情之作用和反作用。他們在人類之本能及感情裏面，尋求社會生活之原動力。他們使利己的本能（自己保存，自利，所有，致富的本能），和公共的本能（或稱公共的傾向，如協同的精神，同情等）相對立。關於社會及國家的爭鬥，是起因於這兩種本能的矛盾。社會决不是由個人平和地，統一地結合而成的。社會含有互相矛盾的諸性質。在一方面個人因其利己的本能，而追求自己的利益，在他方面，人類之社會的本能，又欲維持其社會生活，這兩者遂互相鬥爭。在這個社會裏面的鬥爭，不過是單純的國家對個人的鬥爭。但是，取自由主義立場的他們，欲極力地承認社會裏面的個人之自利的活動，不過這個自利的活動，單限於妨害他人的自由的時候，則有抑制的必要。這種自利心之抑制者，是理性。在這個限制的範圍內之個人的自利的活動，其延長卽是造成社會一般的利益。這個學說先經 Bernard de Manderville 氏的高唱，到 A. Smith

氏遂告完成。A. Smith氏主張個人之自利的活動之結果無形地可以增進社會一般的幸福。他以爲從社會裏面各個人的鬥爭可以引導出社會的調和，故國家的職務，祇是在保持這個社會的調和而不受破壞卽可。例如國防，司法，公共事業等，就是國家所行的職務。

六

由以上所述的經過，發達而來的英國之社會學的思想，到十八世紀後半期，由與 A. Smith 氏同時代的蘇格蘭人 Adam Ferguson 氏（1723－1816）之發揮，遂產生出最大的成果。Ferguson氏在他的“市民的社會之歷史”（An Essay on the History of Civil Society, 1767）及“道德學與政治學之原理”（Principle of Moral and Political Science, 1792）等書裏面，詳述過他的社會的思想。Ferguson 氏是從來人所不甚注意的思想家。祇有馬克斯稱他爲“A. Smith 之師”。Karl Buecher 氏亦指出 A. Smith 的分業論是完全根據

Ferguson 氏的論說。稱贊 Ferguson 氏的學問上的貢獻者，祇有他兩人而已。但是，Ferguson氏之學問的貢獻，不單是 Smith 氏之師，也不是分業論上的卓越，據 Heinrich Waentig 氏說，Ferguson 實在是在次述之四點上和現代之社會學方法相接近。

第一是他的現實的觀察方法。他排斥不依據經驗的事實之思辨的抽象的議論。因此，他達到了比較正確的社會的認識。

第二是他的進化的觀察方法。他把一切的歷史的事實，在一連的進化過程上關連起來，加以觀察。

第三他教示我們，以個人爲社會全體的一部份，而加以觀察。又把一切的社會現象在牠們的相互作用上加以觀察。

第四對於社會的發展中之外的物質的素因，而注重內的精神的素因。在精神的素因中，以感情，尤其是以道德的感情爲最重要。

Ferguson 氏也是反對社會契約說。他以爲獨立人衹是一個假定。人是常生存於社會內的，這個結合在最初是狹小的。人常生存於社會內，在社會內或和社會同時成爲和現在一樣的人。故假想有所謂自然狀態的孤立人，是錯誤的。人類的本質，是要和社會生活相關連起來，才能體會的。故關於人類的考察，常要作團體的考察。作算研究個人的生涯，若單以個人爲對象，也是不能够達到眞正認識的。這個研究，常要和全社會共同研究。在孤立狀態中的個人，不能視爲人類之一形態。何也？人離開了他的同類，則不能滿足他的生活機能。個人本來是全體中之一員，個人的行爲常是和全體有關係。當然，人類也有和動物相共通的自然的本能，動物的本能例如生殖，飢渴等是也。但是，這些本能自身受社會生活的影響而變化其形態。在這個自然本能以外，尙有由社會生活而發生的其他的本能及感情。例如優越的本能，名譽慾，貪心，自負，共同的感情等，是在社會的生活之下，才能够成立的。人的意見，努力，行爲之大部份，是由他所生存的社會狀態而决定的。

據 Ferguson 氏的意見，使人類之社會生活和想像的孤立狀態相對立，實在是謬誤的。同時區分人類之本質爲自然的和不自然的兩者，也是不適當的。一切人類的特性，既然有自然的淵源，則爲自然的；在社會生活影響之下而採取像現在的形態，由這點看來，是社會的。人類之自然的本能，常作社會生活的結果而有改變。卽人類的本性，藏蓄有進步和完成的原理。故向其他的動物界尋求類比而推論人類之事象，實在是謬誤的。研究動物之生活社會過程，不能以之通用於人事。換言之，生物學的原理或事實不能移入於社會學的範圍內。何以言之？因動物之生活過程和社會的發展過程，是完全不同的。個人雖如動物般由幼年而成年，而死滅；但是，人類之這種經過，是由野蠻向文明的推移，而動物祇是反覆演同一的生活而已。因爲動物無文化，故不能對前代之所產，加以自己的創造。至關於人類，現代人的生活之開始，卽是前代人的生活之終結。現代人在前代人所集積的文化之上，附加及建設現代的文化。故人類社會常是連續的，發展的。

人類是常有社會及社會生活的。但國家却不是常常存在的。據 Ferguson 氏說，國家也像羣或族稱，是一個社會。國家是有政治的社會之稱的特殊社會。從來的社會是以家族，血族，或友情團體為其基礎；但"國家"之新社會形態，是由政治機關而結成的。政治的社會是如何地成立的呢？這決不是如從來學者所主張，由契約締結而成的。Ferguson 氏說，國家是因經濟關係之必要而發生的。他和 A. Smith 同樣以為國家是由私有財產關係之統治上的必要而發生的。國家的前段，如上述之羣或血族團體的時期，差不多可以說無私有財產的存在。在游獵民族祇對武器，用具，毛皮等設定財產權，獲得之物品分配於大衆。後來到耕作的時期，耕地及收穫也和野原同樣是共有財產，茅屋及用器祇作家族的財產，由婦女管理之。在這點須注意的是 Ferguson 氏注意到亞美利加印第安人的社會制度，簡單地論述他們之女性支配的事實。因經濟的發達及財富之增加，遂發生財之差異及分業之現象，社會成員中遂看見生活條件的差異。即酋長及勇者對於戰利品要求更大的分配。酋長，尤其是血族酋長，終於獲得多大的尊敬和權利。像這樣地，爲確定酋長的支配，遂成立與之相適合的一種原始的王國，即血族的王國。這個王國征服了和他們血族相接近的種族，於是更確定了他的支配力。何也？因壓抑被征服者和經濟的搾取，是需要監督和支配制度的，酋長爲要獲得這樣的地位，在他所支配的小社會裏面，已經發生一定之富和階級之差別，對於酋長之獲得權力的運動，不能不求優越階級的人們之擁護。在這社會的階級，因人們之物質的及精神的能力如何，而有種種不同，應各個社會而享有應分之要求權。故國家絕對不是統一的團體。國家是包涵着各爲其階級謀利益之伸張的諸種階級。國家的成員也像因階級之如何而有區別般的，視階級勢力如何，而決定其政權。作國家形成者之階級勢力之強弱，完全是財產所有的多寡。這種財產分配的狀態，不是整個地表現於國家制度之上的。有時在國家裏面發見由純粹的經濟基礎而生之支配服從的關係。像這樣的場合，當然是在國家制度外的關係。故在國家內所行的法律，是強者的法律，是為最有力的階級打算的法律。Ferguson 氏在經濟的鬥爭上，說明過國家的成立，不過尚未達到在國家內之鬥爭之階級的性質之認識。

要言之，由十六世紀至十八世紀的英國之社會學的思想，已經漸漸地脫却了中世之神學思辨的傾向，而取了現世的實證的傾向。在近世初期的理想鄉思想，社會契約說者，雖不免帶有思辨的傾向，但是應現實的要求，對於國家應如何組織的思考，及向所謂自然的原始狀態尋求這種組織的資料，可以說是應近世實證主義的要求的工作。道德哲學之主張，更加是實證的。道德哲學者最先要求事實之研究。在現代，由各個所達到之點看來，是極不充分的，但在歷史的方法上，及人類的本性之解剖上，可以說是近世的方法。道德哲學在英國已經產生了經濟學，這又可以說是為社會學奠設了基礎。經濟受產業革命的洗禮，成就了他的大發展，同樣社會學也經過這個經濟革命和法國大革命，達到了可以要求他的存在權的時期了。現在我們要移我們的視綫轉向英國海峽南方，觀察法國社會學的思想的發達了。

第　三　章

法國社會學的思想之發達

一

近世初期在法國也成立爲一大國家，因國王權力之增大，同時在國家學說上之專制的傾向，也極其顯著。勃興中的富裕的商人，在國王對封建貴族之支配權的爭鬥上，援助了國王。但他們要求了相等的報酬，卽要求商業，市場，組合之特權及增加；私有財產之保護，個人自由之不可侵犯，課稅上的協議，國會負担之減輕，貨幣及度量衡之統一等。代表這樣的大商人之利益的思想家是Jean Bodin 氏(1530—1599)。J. Bodin於1577年發表他的大著"國家論" (De la Republique)遂變爲當時的最有權威的國家學者。Bodin 氏的國家論，對於國王和大商人的聯合，提供了壓迫封建貴族的理論基礎。他爲這個目的：主張國王有無限的權力；這個權力是由人民讓與國王的。國王爲達到國家的目的，可以任意行使這個權力，不過在這個塲合，他祇對於上帝要負責任，卽國王不能絕對地任從他的意志而行動。國王在這個意志和行動上，要受神的自然法的掣肘。所謂自然法，不單是原來的自然法，並包涵由民法及國法裏面所體現出來的自然法。

我們所要注意的不是 Bodin 氏的主權論，而是他的基礎社會觀。這種主要材料，除前述的最有力的著作"國家論"——從亞里斯多德之"政治學"至孟德斯鳩之"法意"出世爲止，其間的最有力的著作——之外，尚須注意他的"歷史方法論"(Metholdus ad Facilem Hietoriarum Coguitionem, 1566)。十六世紀本來是歷史學的隆盛期，在這時期歷史方法論陸續出版。在Bodin氏以前的最早的，"歷史方法論"是 Mylaeus 氏的 Theatrum Scribendae Historiae Universae (1548)。又最通俗的有興味的是 Patrizi 氏的 Della Storia Dialoghi X. (1560)。Bodin 氏的歷史方法論的目的，是在研究要如何的才能够使歷史變爲秩序的，獨立的有益的讀物。

Bodin 氏向家族裏面尋求社會的自然的起源，他以爲家族是一個自然的社會，造物主創造人類卽同時創造家族，而家族又包涵有市民的社會的萌芽。家族是在市民的社會以前存在的，卽無市民的社會，家族亦可以存在，但若無家族則無市民的社會。作家族之支配者的家長，和其他家族的家長商議協力處理共同事項，作更大的結合，而家長則爲這個結合的一員。家長在這時候，已經不是家族的支配者而是市民的社會之一員。像這樣的市民的社會是由人性發生的，但國家發源於權力，而限制自然的自由法。又沒有都市的形成，在國家成立以前，家長是家族內的支配者，對於家族成員，有生殺予奪之權。各家長的權力，暴力，野心，貪慾，復仇等精神，使他們互相武裝起來而從事鬥爭，勝利者以敗北者爲奴隸，於是敗北者的由自然所賦予的完全的自由，遂全被剝奪了。此卽君臣，主從觀念所由生，這個暴力遂形成了國家。Bodin 氏的自然狀態，是鬥爭的狀態，在這點可以說他是 Hobbes 氏的先驅者。不過 Hobbes 氏的自然狀態的鬥爭，是個人的鬥爭，至於 Bodin 氏的是家族的鬥爭。據 Hobbes 氏的意見，爲脫離這種萬人對萬人鬥爭的自然狀態，故依契約而成立國家。但 Bodin 氏則以爲國家之發生，是鬥爭的結果，卽優勝劣敗的結果。在這點，Bodin 氏排斥自希臘以來一般所承認的有國家正義說之稱的國家起源論。

國家組織一旦確定了以後，支配者當然希望他的永續，但這是不可能的。支配有機的生物之發達，成熟，衰退的法則，也可以適用於國家。社會哲學者之任務，是在研究這種過程，而理解及統制之。不論有如何確固的組織的國家，都難免這種法則的支配。他由此見地，分國家之變形過程爲二，即是國家之變革和變化。國家之變革是政治革命的意思，即主權之存在場所的變更，例如民主國變形爲王國，貴族制變形爲民主制等是。國家的變化是在國家裏面作社會變化的結果之進化的運動之意思，例如習慣，法律，宗教，或領土的變化，但國家和主權依然繼續着。

Bodin 氏對於社會學說的最大貢獻，先見於他的舊著"歷史方法論"的裏面，到後來在他的"國家論"裏達到了大成，是關於對自然環境之社會生活及社會制度之影響的學說。但自然環境影響說，不能以 Bodin 爲最初的主張者，當亞里斯多德批判柏拉圖的法律的時候，指摘出地域及氣候的二要素，而表明對於社會生活之自然環境之重要性。但是，我們如果尋求對於後世學說有重大的影響，中經孟德斯鳩及T. Buckle氏，至F. Ratzel 氏而達到大成的重視自然環境說的淵源，我們不能不舉出 Bodin 氏之在學問上的貢獻。像這樣的，Bodin 氏在自然環境論中佔有有力的地位，不過他的論旨，由現在看來當然是不充分的，貧弱的，但由那時代的科學發達程度看來，是免不了的缺點。他的考察之第一基礎，是地球緯度之差，即溫度對於人類的影響，暑熱會令人的精神懦弱，寒冷能夠刺激人的精神，故一般北方人富有精力，體格偉大而美麗，但缺少才智。南方的諸民族，則缺乏精力，軀體矮小，但富有才智。到極北的地方，人類矮小能耐寒冷。試仔細檢查北部南部及介居於兩者之間的民族之諸性質，就恰和幼年，老年及中年人的性質相當。這三者之國家的經營法，也和三者的性質相合。即在北方的民族根據權力，在南方的民族根據宗教，在介居兩者間的民族，則根據公平和正義而行使統治。南方的民族深奧地冥想神祕，欲以之教訓其他民族。北方民族長於勞働及工藝，中間民族則調和判斷兩者，而形成國家，欲爲其他民族制定法律或秩序。Bodin 氏又欲從經度以決定民族的特性。根據歷史上的事實，西部的民族多具有北部民族的性質，東方民族多具有南部民族的性質，地勢之如何，對於其住民亦有重大之影響。高山地方的住民性質酷似北方民族的，溪谷地方的住民則具有南方民族的性質。

又在自然環境中，與海洋之關係，風之強弱，土壤之肥瘠等，也是可以決定民族的特性之要素。作海岸交通之中心點的大都市之住民，比其他地方住民，機敏狡猾而富有機略。風力之如何，對於同經緯度之住民亦作成不同的性格，即風力平靜的地方的住民，厚重而眞摯。土地的肥瘠對於性格之形成，亦有重大的關係，肥沃土地的住民一般是溫和而怯懦，不毛之地的住民必然地是節制的，深慮的勤勉的。土地之不毛容易使人從事勞働，使人成養銳敏的精神及節制力，會驅人集中於都會。風土氣候的影響當然也及於道德和宗教，如家族的形態是其一例。在南方多一夫多妻，在北方多一妻多夫，在中部諸國則行一夫一妻制。宗教的始原在南方，其次普及傳播於世界各地。

據以上的敍述，Bodin 氏是很注重社會現象裏面的自然環境的作用，以此立場，建設了他的社會觀，由是他遂做了後世重視環境之社會學說的先驅者。但他的環境說爲達到充分的形態，當然需要更有一段的進步。就於 Bodin 氏之研究，對近代之環境說，作了多大的貢獻之學者，是孟德斯鳩氏。

二

孟德斯鳩（Charles Louis de Secondat, Baron de la Bride et de Montesquieu 1689—1755）年輕時繼承鉅大的富財，同時作行政官及司法官而參與政治。像他這樣明敏的人物，對於當時的舊制度表示十分的不滿。他的政治上的經驗，不過爲他將來的政治上的著作供給了經驗而已。於是他從事著述爲生活。他最初以研究物理學及其他自然科學爲主．1719 年因欲著地球史，先作成了該書的梗概，但到後來終於把這個大計劃放棄了。他年三十二歲時匿名出版“波斯人的書信”（Letters

原书缺页 113-114页

何發生，如何變形，對私人的性格，家族的生活，社會之形態及制度等有如何的影響，皆壹壹加以研究。他的態度不是從一定的先入觀念而出發的，他是直接地研究歷史的事實本身而開始這個事業的。在這一點，他的態度正是和近世社會學方法相同。孟德斯鳩在法的社會現象之處理上，是確認自然環境重要性之第一人。如前節所述的Bodin氏，可以說是他的先驅者，但由論述方法之精密的一點說，孟德斯鳩實超出Bodin氏者數籌。意大利的哲學者Vico氏 (Giambattista Vico, 1668—1748 Principj di una Scienza nuvva d'intorno alla commune natura Delle nazioni, 1725, Napoli) 也可說是他的有力的先驅者。約略在同時代生存的同形之思想影響之有無，本是不容易論斷的，何況說孟德斯鳩有剽竊Vico氏的著述的內容呢。一般以孟德斯鳩沒有受Vico的影響者，是因爲他在意大利的時候從他的友人Abbe de Guasco氏借得Vico的著述，通讀過了，而沒有如何的稱許其價值罷。誰又敢斷定他沒有從Vcio氏的著述得到暗示呢。可以說是孟德斯鳩的先驅者或對他有影響的學者，其實不止 Bodin 氏及 Vico 氏兩人，我們可以指出 Hotman 氏，Languet 氏（十六世紀的新教政論家）Charron 氏 Machiavelli 氏，Gravina 氏，Descartes 氏，Locke 氏，及其他的英國政論家等。

孟德斯鳩的社會觀多少表示着社會契約論者的影響，他效法契約論者，區別自然狀態，社會狀態兩種。他不像 Hobbes 氏以原來的人性爲利己的，寧可說他是受了 Locke 氏的影響，在社會構成上進行他的理論。他不信在自然狀態的各人的平等，反之他相信對於各人，當時的人都自己願處於劣勢，故相互間無爭鬥。卽自然之第一法則爲平和。人類有食慾，故自然之第二法則是食物的探求。人類對他人的恐怖是相互的，故發生相互結合的傾向，由這種結合產出快樂，因性之相異，更增加結合的快樂，故自然之第三法則，是結合之自然傾向。人類和動物一樣，有感情，有本能，但同時有獲得的智識，故人類在本能及感情以外，有結合的動機。第四的自然法則是由欲營社會的生活之愿望而發生的。像這樣的，原來之人類的本能，求和平，圖滿足食慾的感情，及由性的食慾的愿望而形成的社會等，引起了人們相互間的鬥爭，於是發生所謂鬥爭的態度。實際的法律，是爲統治這種鬥爭而發達的。欲統治這種鬥爭的人們的意志的合一，遂產出國家，孟德斯鳩並不想就於這個意志的合一的性質，有所論述。他的研究目的，是决定這個法的性質的條件。

據孟德斯鳩說，所謂法之精神，是指法有他的淵源，及指其存在的全關係。在這些關係中，最重要的包涵有法律和諸種之政治形態的關係。他分政治形態爲王制政治，專制政治，共和政治三者。王制是一人的君主，按一定的法而統治，專制政治是專制者依他自身的意志而統治，共和政治是主權分握於數人掌中的政治。主權若屬於全人民的場合，是爲民主政治，主權存在於人民中之一部份少數者之掌中的場合，是貴族政治。他論民主政治，專制政治，共和政治的屬性，由法國，東洋及希體，各爲之引例。他論述諸政體的相互的關係，但關於這些政治上之革命及變形，則無何等的論述。孟德斯鳩不樹立人類社會發展的學說，也不研究世界史的過程。對於政治的自由之確立的法律的作用，卽憲法組織，人民的保護，賦稅。關於這三部的論述，卽是他的有名的主權分立論。他爲要說明英國的憲法，採用了行政，立法，司法之三權分立的理論。三權分立之一般的理論，早已經亞里斯多德倡導過，Locke 氏和孟德斯鳩都是接受了他的理論。孟德斯鳩之所以能利用三權分立論去說明英國政治，恐怕是受了 Locke 氏的"政治雙論"及喬治二世治下的民權黨（Whig）和王權黨（Tory）的小册子的影響能。孟德斯鳩之三權分立論的眞意，不過是欲以之說明英國政治運用的方法。他决不是想把三權的分立輸進當時混亂的法國以資助法國當時政治上的改善。因爲這是他的根本的立場所不容許的。據他說，政治的制度及法律不能形成民族的特性，反之民族的特性可以使這些制度發生，故人種不同，精神的及道德的性質亦有優劣之別，歷史的祖先和自然的狀態，完全不同的一民族，欲將政治的制度或法律移殖於其他的民族，這不過是徒勞而已。

其次他又論述對於社會制度及社會的變動之自然的要素的影響。自然環境對於人類有影響的，並且是決定人類的運命之諸要素中最明顯最重大的一要素。故孟德斯鳩主張依自然環境以說明歷史。有外界的作用，文明終至採如何的形態？一民族的法律，及其社會的和道德的生活之所產和土讓，溫度，食物有如何的關係？這些問題，在他是須盡其全力去解決的根本問題。但孟德斯鳩對於這些根本問題，沒有達到充分的解決。他所論述盡是斷片的，衡之於今日之科學，卽地理學，經濟學等的發達，他的所論謬誤百出。他論溫度和人類性質的關係，氣候和飲酒，奴隸，等關係，但這些論斷都是斷片的。他的謬誤是以自然要素爲一體而不加以分析。自然之對於人類的直接的和間接的影響，也不加以區別。自然之直接的影響，對於人類是不甚重大的，重要的還是間接的影響，卽由社會的必要及行動而生的自然的影響。在直接的影響，人類是被動的，在間接的影響，則發生當作自然影響之人類方面的反作用。當他論自然環境影響的場合，一方面排斥決定論，但他本身仍有含有這種弊病的傾向。熱帶地方的住民，受了強烈的自然的壓迫，必然地發生奴隸及貧困，這當然是有一面的眞實，外界的自然力的強大，壓迫人類，使人類懦弱，貧困及迷信，但這也不過是自然之直接影響的一面，這是因爲對於人類的反抗力沒有取作參考的議論。

但是，孟德斯鳩不一定是主張自然環境的決定論，他論法律和一般精神及道德，習慣之關係時，野蠻人一般是無精神力，結果爲強大的自然力所壓服，但在文明人則有可稱爲文明的全部的精神力，這個精神力是民族生活的實體，是他們的行動力之原動力。欲使這個精神力變形，是甚困難的，需要多數之要素的漸次的作用。故這種精神力和自然力環境，是構成人類文化的，不是由於偶發的，孤立的，個人的因子而發生的。在這裏孟德斯鳩承認歷史的過程，是由一般的原因，一般的廣汎的傾向，及深的潛流等而決定的。各個事件不過對於歷史的過程，有多少的影響而已。承認這個原則，是歷史學之成立上必要的條件，這是是孟德斯鳩對於歷史學的最大貢獻。

法之精神裏面，論述商業，貨幣，人口，法律及社會的變化之關係，及一國民收入，租稅和其自由的關稅等部份，是值得我們注目的。他的經濟學說雖完全是錯誤的，但他的能考慮到 A. R. J. Turgot氏，M. J. Condorcet氏，St. Simon氏等的學說及 Comte 以前的歷史上之經濟的要素，可以說是他對經濟學之很大的貢獻。當然，那時代的法國是經濟學正在隆盛時代 Vauban 氏，Boisguilbert 氏，Dutot 氏，Melon 氏，已經出版他們的重要的著作，F. Quesnay 氏及重農學派是和孟德斯鳩同時代的人物。能够在他的著述裏面，發見經濟的智識，並不是奇異的，他的經濟思想，是重商學派的舊思想(Mercantilism)和重農學派 (Physiocrat)的混合，應當採那一方面，他却徬徨無所主張。對於社會現象的說明，他能够看出是經濟學和歷史學之共通的任務之一點，可以說是他的卓見。

孟德斯鳩並不是企圖建設歷史哲學，故以他爲歷史方法之創設者，當然是溢美之詞。他不過作了歷史方法的基礎，以一切的社會現象，爲一個歷史的現象，加以觀察時，才能得到最正確的認識。即社會現象要在一定的時間和場所，換言之，即要使與牠所發生及依存的全社會的機構，相關連起來；始能達到正當的認識。關於這個社會現象之相對性的認識，亞里斯多德，Machiavelli 氏，Bodin 氏等之貢獻甚大。孟德斯鳩之成功完全是他的那種見解適合於當時代而已。

三

在孟德斯鳩之後，引起我們之注意者，爲Anne Robert Jacques Turgot 氏。在這裏須要考察的，他是十八世紀的最賢明的一人，而不是以後作政治家，經濟學者著名時代的他。Turgot 氏在學生時代及以後於 1750年在 Sorbonne 地方所舉行的兩種講演，是值得我們注意的。他的第一論題是"基督教之成立所給予人類的利益"。他最先比較基督教和異教，他指示出前者比後者優秀，並且詳論對於古代之不適當的稱贊及當時對基督教的非難等之不當。由考察歷史上的一般的及顯著的事實，知道基督教能使眞理普及，同時矯正謬誤，促進智的進步，喚起人類的同情心，進展道德等，這些在公私生活上，都可以看得見的。Turgot 氏和十八世紀之無神論者不同，他極力稱贊基督教對於歐洲文明的貢獻。對於這種議論極其淹博，但沒有獨創之見解，這是因爲論題的目的和制限不容許他有什麽獨創。

第二的論題是"人類精神之繼續的進步，"這比第一的論題重要。在他的這論題裏面，進步的觀念，才變爲歷史之有機的原理。自然之物理的現象及生物界之運動，是變化之循環；與此相對立，歷史常是完全地演進的人類之生活，這個人類的生活，是由一時代至他時代的成功和失敗，衰亡和復活的記錄。一時代和他的前後的時代，有如何的密切的關係，卽一時代由前時代繼承來的事物，及在當時代所獲得之事物，要如何的傳之於後代。對於這個問題，在Turgot氏以前固然沒有人能像他那樣明瞭地指示出來過，就在他以後，也很少人能夠像他這樣有明瞭的指示。進步的觀念在Turgot氏已經明瞭地而且充分地被解釋出來了。關於這點，他實在優於他的先驅者 Bodin 氏，Bacon 氏及Pascal 氏等。

據 Turgot 氏，人類之進步，是在使人性之逐漸進化及向上，智識之開發，感情之發達及純化，日常生活的改善；一言而蔽之是使眞理，道德，自由，享樂在一切的階級要爲普遍的。他由過去的全歷史，論證這樣的進步的存在。他相信在將來也有這種進步的存在。Turgot 在這個講演之外，又在其他的世界史，藝術及科學之進步及關於種種事象之廣汎的著述裏面，圖實證他的進步之觀念。他的企圖，最初因爲做了州長，其次因爲做了財政大臣，終沒有成功，但是，他的這個小講演規模如此其宏偉，內容如此其明確之一點，可以說是在十八世紀的文獻中，是最有特色的罷。如果是以歷史哲學爲進步的發展之過程的世界史之科學的表現，則 Turgot 氏正是歷史哲學創設者。

單純的進步觀念，在 Turgot 氏時代，已經不是珍奇的思想了。並且當代的思想家對此也不甚注意。因有自由，平等，博愛，正義的新觀念等，而進步的觀念更加受一般的摒棄。Voltaire 氏，孟德斯鳩，Diderot 氏等之著述，絕無這種進步的觀念，至盧騷則更明瞭的攻擊這觀念了。Turgot 氏爲這個一般所閒却的觀念，恢復了他的正當的地位，更進而使之深刻化，擴大，發展。他的進步觀念是具有作自已發展之過程的性質。又這個進步因自然的及政治的原因，而極受影響。不單像其他的諸過程，和神的意志有關，並且和人類的本性及社會之構成原理有關係的，他的社會的進步，若以之爲研究的對象，則其範圍極爲廣大。他考察了社會生活之一切的要素。以科學，藝術，政治，習慣，道德，宗教等爲歷史的進步之主體，這些主體不是孤立的發達的，一切都互相關連的。在社會機構上的一切勢力之間，有不斷的相互的影響存在。

Turgot 氏不以歷史爲統一的不斷的進步之過程。他承認在歷史的進行中，有智的及道德的衰頹期，若以研究退步的原因爲目的，則在這時期上之研究甚有效用。他的進步之觀念，並不是主張後代的人們較之前代的人們更是天才的道德的。據他的見解，原始的性質，在野蠻人和文明人有同樣的作用，天才像礦山裏面的金礦般的，散在於人類諸種族間。這種天才的發見與否，看當時的情勢而決定。教育和社會狀態，有時可以發掘這些天才，有時又可以埋沒這些天才。P. Corneille 氏（法國之有名的悲劇作者，1606—1684。）若生長於村落裏，以農耕終其一生，又 Racine 氏（法國之悲劇作家，1639—1699）假如生於加拿大的野蠻人間，或生於十一世紀之歐洲，則 Corneille和Racine 兩氏都不能表現出他們的天才，只有湮沒其一生罷。故進步不一定是因時勢而常常前進的，有時亦有衰頹期，因國土狀態之不同，進步亦有差別。

Turgot 氏認人性爲進步主體，同時承認智識爲進步發展指導的原理，故知識的開發，畢竟是做進步之一般的規準。但是，知識之發達，和道德之進步，不是完全一致，藝術之發達也不一定和科學之進展一致。

在 Turgot 氏的斷片中，最引起我們的興味者，是他的"政治地理學。"他在這本書裏面，論述人類之發達和土地的性質，及自然的要素一般之關係。關於這點，他實優於孟德斯鳩。Turgot 氏之所以優於孟德斯鳩者，因爲他不以自然要素爲人類社會之發達的第一義的直接要素，而認爲常是間接的第二的要素。卽自然要素之影響於社會的發達，是全依對先天的或後天的人性之影響而起的作用。Comte 氏之批評孟德斯鳩，根據 Turgot 氏之主張者甚多。在某種意義上，可以說 Turgot 氏是 Comte 氏的先驅者。Turgot 氏主張有些地方對於自然現象之觀察態度有三階段。自然現象相互間之關係，尚未明瞭的場合，以自然現象爲神明的，不能看見的存在(上帝)所作成的，這可以說是極自然的見解。他以爲一切人們所不能干預的現象，是由神所主司的。但是，哲學者以此想像爲不合理，而以抽象的原理及能力爲說明自然現象的方法。哲學者以這個抽象的原理及能力爲實在的，但到底是什麽，則並無說明。然而不久之後，達到了現象間的力學的作用可以依數學爲實證的假定，卽是達到了所謂自然科學的見解，這也是極自然的。Turgot 氏的這種說明，可以說是 Comte 氏的思想發達之諸階段說，卽神學的，形而上學的，實證的三階段的最簡潔的敍述。卽在第一階段，一般以自然現象爲不是在因果上相關連的現象的連續，而以爲是神之單獨的意志的發見。在第二階段，以自然現象爲抽象的原理之發現，或以爲是抽象的本質的表現。在第三階段，則廢止以神之意志或抽象的原理說明現象，而以現象本身爲直接視察的對象，達到了實證地證明現象間的因果關係之階段。由此觀之，Comte 氏的學說和 Turgot 氏的，並無何等差異，在這一點可以說 Turgot 氏先發見了 Comte 氏的進路。Comte 氏也是因爲研究 Turgot 氏的社會觀，所得極多，這是無疑義的。

四

我們已經達到法國大革命的前夜了。關於孟德斯鳩和 Turgot 氏，寧可說我們看見了他們的科學者的風格，至於作啓蒙哲學的宣傳者，作舊制度的批評家，直接對於大衆說話的，是 Voltaire 氏(1664—1778)。Voltaire 氏原來是僞名，他的眞名是 Francois Marie Arouet。若以由"朕卽國家"得名的路易十四爲舊制度之代表者，則 Voltaire 氏正是對於這個舊制度行破壞運動之最有力的代表罷。關於這點，一般對於他的批評分爲兩派，卽保守派及進步派。他的知識雖然不是獨創的，公正的，但他富有極大的力量。的確，Voltaire 氏原來是改造論者，是革命家，他對於當時作社會秩序的舊制度挑戰，對於社會構成之原理，要求急進的變化。他的生涯之主要目的，是在把人們的思想，從隸屬，迷信及愚鈍，解放出來。他企圖他所信的自由和知識之普及，他眞可以說是自由的思想家。他的事業是由作一個歷史家開始的。

他的著述"查理斯十二世"(Charles XII, 1731)是最顯著的記述的歷史。他是從許多未發表的文獻而研究的，故多獨創的見解，同時歷史的記述，亦甚明確。但是，他在後年所著述的"路易十四世時代"，(Seecle de Louis XIV, 1752)就內在的價值來說，實在勝於前者。這部書的對象不是在人物，而是在國家多事的時代。他的計劃受一般的非難，以爲是常缺乏統一性，但因他把對象擴大了，不敢加以制限，若制限對象，恐怕著作的價值將會低減罷。他的目的是欲寫實地就於各方面，敍述路易十四世治下的文明。他無忌憚地指摘出路易十四世治下之錯誤和失敗，對於國王的治績，亦適當地加以批判。他對於這期間中的文學，美術，科學，社會的精鍊的進步等，都感著同情和愛國的誇耀。

比上述兩著作更能引起我們之注意的是"國民，風俗及精神論"(Essai sur les Moeurs et l'Esprit des Nations)。這部大著述最初在1740年是爲 Mademe de Chatelet 而執筆的，至 1756 年始見刊行。這部書所取的時代是從 Charlemagne (742—814)時代至路易十三世爲止，他敍述在這期間中的國民風俗之發達，社會之進步，及人心之發展。他的法方是極實證的，事件之說明，求之於人民之輿論及感情，而不求之於上帝的意志，因爲他是最排斥神的。在這部裏面所表現的 Voltaire 氏的意圖和"羅馬盛衰論"及"法意"裏面所表示的孟德斯鳩之目的不同。孟德斯鳩在前一部著述祗研究兩個歷史的問題，卽研究羅馬人之偉大的成功原因及其失敗的理由；在後一部著述祗就各方面，以研究特殊的歷史的現象，卽以研究各種類之法律爲目的。故孟德斯鳩之著述的目的，和欲寫成牽涉前後九世紀間的人心及社會的歷史之 Voltaire 氏的意圖完全不同。又 Voltaire 氏的歷史和 Turgot 氏在 Sorbonne 的講演亦不同。Turgot 氏的梗概祗是一個企圖，至 Voltaire 氏的梗概是一個企圖的實現。Turgot 氏的講演是史論，Voltaire 氏的是歷史，又他們兩人的立場完全不同。Turgot

氏以世界史爲人性之進步的發展，德，智，幸福的勢力上之人類的漸次的發展。他是立於以世界史爲根據內的自然法向人類的完成之繼續運動的哲學的見地。至於 Voltaire 氏因爲要述文明發達的途徑，文明之起源的表現，人類從野蠻蒙昧至文明開化等的方法，故他著述通史，但是，他自已並沒有何等獨特的哲學的見解。他的態度是啓蒙的，自由思想家的。

Voltaire 在上述各著述之外，尙發表有"歷史哲學"（La Philosophie de l'histoire）的小論文，這篇小論文最初假已故之 Abbe Bazin 氏的名義。於1765年發表，後於"國民風俗及精神論"中作序論加入，才認爲自已之作品。歷史哲學這名稱恐怕是以這篇論文爲蒿矢。但他並沒有明確地説明歷史哲學的意義，他當時所用的意義，並不是在十九世紀以後發達的歷史哲學的意義。他的歷史哲學意義恐怕是在哲學上觀察歷史的意義罷。但這裏所謂哲學的可以解作十八世紀之啓蒙哲學，自由思想之意義。這是一個歷史觀察法，排斥一切迷信和不合理，神話和傳說，奇蹟和感激而以批評的態度觀察現象。故牠是完全對現存宗教的挑戰，是啓蒙的資料。

Voltaire 在這小論文中，從人類的原始時代，開始討論，據他的意見人類的各種族是完全個別獨立的，人類的原始狀態，是獸的狀態，社會及言語的形成，是極緩慢的。同時他又承認人類自然地具有合理性。社會性及完成之可能性。人類在很長的期間中，並無言語，但不是過孤立的生活。又在當時並不是完全沒有作社會生活根據的同情及正義之觀念。他就於原始人類的精神的及形而上的觀念，也論述過了。關於宗教之起源及其發生原因的學說，和近代的人類學者所見相同。在這一點他承認夢之重要性。他指示出在最初一小種族有牠的種族之神，卽守護地方之神，其次這些種族互相交換他們的守護神，又其次發生對偉人之宗教崇拜，由聖者而發生一神教的信仰，最後僧侶等之如何地因神學的發明而使宗教腐敗。他想闡明保有記錄的古代民族的特質。在古代諸民族中，他所最稱贊的是中國民族，對於印度，巴比侖，波斯，埃及等諸民族之批判，亦頗公平。惟獨對於猶太抱有甚深的反感。在這點也表現出他的反基督教的態度。要言之，他是立於十八世紀之合理主義的立場，嚴密地區別歷史和神學，而想內在地，自然地解釋歷史。Voltaire 氏覺悟到民族之外的運命及行動較之他們的精神及風俗，缺少史的價值，故以後者爲對象敍述一般史。他可以說是研究這方面的，負担有盛名的第一人。

五

對於法國革命發生有最重大的思想的影響者是盧騷氏（JeanJacques Rouseau 1712—1778）。盧騷將要活躍的時候，恰是對於專制政治之合理主義哲學的挑戰，達到了最高潮時候。孟德斯鳩和 Voltaire 氏都是揭起合理主義而鬥爭，D. Diderot 氏也以他的百科詞典而鼓吹革命精神。但是他們的目的，僅僅是欲求自由而文明的專制政治，如孟德斯鳩，效法英國政治，祗要求政治機關之改革而止。至於盧騷則不同，一旦企圖政治的改革後，即徹底地主張國家全體的改造。這就是使盧騷和法國革命的指導原理最密切地結合起來的原因。

盧騷於 1750 年應募 Di·jon 學士院的懸賞論文，論題爲"科學及藝術之進步，對於人類之道德有純化之作用否？"（Discours sur la question: Le progress des sciences et des arts a-t-il contribue à corrompre ou à èpurer les moeurs ? 1750）。他提出否定的論文，得獎之後，一躍而爲世人皆知的名人。四年之後再發表他的有名論文"關於人類不平等的起原及其根據之一考察"（Dicours sur l' origne et les fondements de l' inegalite parmi les hommes 1754）將前揭懸賞論文，所開陳之趣旨，更加以徹底的論究。自那時候以來，盧騷的思想，轉向到政治的考察了，在"社會契約論"（Du Contrat social ou principes du droit politique,1762）及"愛彌兒"（Emile, ou de l'education 1762）這二部書裏面，可謂達到了最高潮。

盧騷受"藝術及科學發達論"之成功的刺激，

企圖關於政治學全般的綜合的敍述。"社會契約論"可以說是實現他的企圖之唯一的部份。他爲準備這件工作，專研究關於政治哲學之著名學者。他以好意而研究 S. Puffendorf 氏，Locke 氏及孟德斯鳩的著述，並且把這些學者的學說，織入自己的體系中。但他對 Grotius 氏及 Hobbes 氏則不表示好感。不過盧騷的地位還是和這些思想家屬於同一系統的，何也？因爲他也是相信自然法。如下所述盧騷指出自然狀態和政治社會的區別，但是國家成立後，則視國家和社會爲統一物。他的社會觀，表現於"人類不平等起原論"裏面的，比表現於有名的"社會契約論"中者，更爲重要。他的態度雖不是歷史的，實證的，但他的推理方法上的結果，對社會學的思想之貢獻甚大，含有許多的眞實。

盧騷之樹立社會觀，也和其他之社會契約論者一樣，從自然狀態開始研究。在"人類不平等起原論"裏面，最初自然人是作孤立的野蠻人而發現的，這個人過自由的獸的生活，無一定的住所，也沒有明瞭的言語，但他能獨立，能滿足而自給自養。故對於他的同族及其他的人，並無何等的關心，對於其他動物亦然。因爲要保存種族，一時的和其他的人結合以外，決不和別人交涉。這個野蠻人也和孟德斯鳩所說的一樣，不是怯懦的懼他的動物，又如 Hobbes 氏所說的一樣，也不是取攻勢的欲和其他的人鬥爭。人類因社會的形成，才變爲不平等的，在自然狀態的時候，保有實質的平等之狀態。盧騷以這個狀態爲人類之黃金時代。人類因爲脫離了自然狀態，才慢慢地墮落下去的。他以此見解爲根據，高唱回復自然。回復自然的呼聲，並不是想廢棄社會狀態(國家的生活)，而後歸到野蠻的狀態中。他祇是說在社會裏面要受自然的原理之支配。在喪失了自然的社會，人類是墮落的。故以文明一切爲人類之貧窮及墮落的原因而加以攻擊，他以爲自然狀態以後的歷史，並不是趨向人類完成的道路，而是墮落的記錄。

使人類墮落的不是自然而是文明。他主張人一生下來是性善的。這種性善說作了他的教育小說"愛彌兒"裏所述的教育學說中的一基石，又在他的"人類不平等起原論"裏面，也可以說是有這樣的傾向。這個性善不受何等的障害，而表現於行為之自然狀態，如前所述，是人類的黃金時代。但這個黃金時代不能長久和人類共同存在，人類因為由團結所得的利益，而發生結合的傾向，於是他們間遂有在結合上所必要的言語的發達，其次擇定稍能永續居住的住所而結成家族關係。換言之卽是私有財產家族的形成。這個進步明瞭地增大了性和工作(Work)的區別。由家族的社會進展為村落的社會。在這時候，遂生出家族生活條件之不平等，加以愛和嫉妬等的感情，使生活條件更加變為不平等。

金屬的使用，和土地的耕作使分業發達了，使私有財產變為確固的一般的制度了。其結果是人類文明，同時是人類的破滅。盧騷很憤慨地說，土地之所有，是個人對全人類的掠奪，土地不是屬於一個人的，而是屬於萬人的，個人之獲得，超出生存之必要以上是社會的掠奪，竊盜。其結果社會顯然地分出貧富的兩階級，即分化爲壓迫者和被壓迫者。這種不平等日益加甚，一般終至於採用暴力，對於人類自然地所具有的同情和正義之要求，完全是一個壓迫。像這樣的害惡之增大，使一人都痛感到有矯正的必要，但這不能夠引導人們至眞正的改良進步。何也？因爲富者及強者爲他們自身的利益計，利用這種一般的必要，設立了防備對強者的叛逆和無產者的掠奪之機關。他們的企圖成功了。文明和社會和法律就是這樣地形成的，這些在弱者是一個大束縛，而在強者和富者是重大的新勢力。像這樣的所有權和不平等確立了後，他們的敏捷的佔奪，遂化爲確定的權利了。這個最初的佔奪者，即是政治的社會之建設者，但這不過是使大多數的人類化爲奴隸及貧困，爲少數野心家的利益而犧牲。法律及財產制度之確立，須要首領及行政官的制度。這個制度最初不過代表的，但到後來漸漸化爲絕對的了。人類的不平等和墮落，不論在任何方面都有利於助長這個傾向，到後來在萬人的奴隸狀態之上出現一個專制者。所謂美術，科學，文學不能作矯正文明之害惡的手段，不過是粉飾人類之奴隸狀態和名爲文明的不正義而已。

以上是盧騷的"人類不平等起原論"裏面的議論之大要。他也不敢主張他所想像的自然狀態之客觀的實在，因爲這個自然狀態在當時早已經不存在了，在將來恐怕亦難實現，即在過去亦不見得一定存在罷。他不過爲要得現在社會適當的觀念，對於這樣的狀態，不能不有充分的理解。他的目的也祇是像 Locke 氏和 Hobbes 氏一樣，欲確定人性之抽象的性質而已。不過他的筆力和想像力，使他所寫的自然人，成爲一個不止是個抽象的，思惟的產物。這個自然狀態上的心理狀態，也是我們應當注目的。Locke氏和 Hobbes 氏以爲自然人具有理性，由此理性的作用，而形成國家，至盧騷的立場則和他們相反。人類所有的不是理性，而是理性以前的東西，即是欲增進自己幸福之感情和對於死及其他動物，尤其是人類之困難的恐怖，即是利己心和對他的同情。在自然狀態中的人類由這兩種感情而決定其行動。作自然狀態的基礎，高唱感情，而輕視理性之價值，在這一點，盧騷離開了自然法哲學的傳統。在他以前的自然法論者，例如 Grotius 氏，Hobbes 氏，Puffendorf 氏，Locke 氏及其他的學者都以爲在自然狀態中的人類，是依理性而行動，由是才能够形成社會及政治的組織。至盧騷和他們不同，這點是盧騷的特質，這是我們要特別注意的。

盧騷不單就於社會發達之過去，加以思索。他並且是熱烈的社會改造論者。據盧騷的意見，爲現代之政治的及社會的不平等狀態辯護，並加以維持，這是最惡的思想。何也？因爲人本賦有天賦的自由，但是在現代到處都是鐵鎖。社會和統治雖是最可悲的東西，但又是不可避免的，故承認社會和統治，而以發見合理的形態爲必要的條件，"社會契約論"即是爲欲解決這個問題而寫的。

作自然狀態之特徵的自由和平等，在國家之下是不存在的。但據他的意見，自由，平等和公權，不一定是不能兩立的概念。自然和政治的社會，自由和公權，在“人類不平等起原論”及“愛彌兒”裏面完全是相矛盾的概念，但在“社會契約論”裏面變爲不可分、不能區别的概念了。當然，盧騷並不是等到著這部書的時候，遂改變了他的根本思想。何也？因爲他還是斷定自然狀態實優於政治社會。盧騷在社會契約裏面探求在政治社會，自由和平等可以成立的根據。他主張對人的公權，若不經雙方合意，則不能得合理的根據。公權要能確立，自由要能維持，像這樣的思惟的合意，祇有一個，這個唯一的合意，是多數人依契約而成立集合的統一體，卽社會。卽是說，一切的人們依據一般的意志之至上命令，以他們的人格和一切權力投入一個團體。於是我們個人遂作全體的不可分的部分之構成員。像這樣，這個團體和各個構成員，終於有不同的生命和意志，卽是公人，政治的團體，乃卽是國家，主權，權力。至於構成員則爲人民，國民，爲臣下。然則構成員何以是平等的？因爲各個人把他本身和權力讓渡於社會了。卽各個人等於零了，故一切平等。依同樣的理由，團體是絕對地完全的，至於個人則不許有任何的要求。像這種狀態，好像是柏拉圖所想像的個人向國家的沒入。但是盧騷在這個場合，却發見出完全的自由。何也？因爲各個人對於一切的人放棄了自己，故結局等於他對任何人不放棄他自己，又由他所放棄的權利，同等的，可以從他的僚友獲得回來。盧騷就這樣地論證構成國家的個人是自由的，平等的，同時國家本身是至高的存在。

以國家爲至高存在的盧騷的意見，在某種意義上和他的先驅者 Hobbes 氏作有趣的對照。Hobbes 以爲自然狀態是萬人對萬人的鬥爭。但在盧騷已如上述，以自然狀態爲自由，平等的平和鄉。立於這兩者之間的是 Locke 氏。又 Hobbes 氏以由社會契約而成立的國家，爲專制國家的辯護。至盧騷則高唱各人之自由和平等，同時對於將來的國家根據所謂個人向國家之沒入，而主張民主的專制國家。Hobbes 氏的專制，是帝王的專制。盧騷的國家是多數者的專制。以國家之本質爲具有專制自由及平等之一點，是盧騷的國家論之致命傷。

至於他的"人類不平等起源論"裏面的諸論點，則不無足取，對於社會學說有相當的影響。

六

法國革命起於1789年。貴族和僧侶之特權的存在早已經不適於當時之社會狀態。社會正在要求其他的實權掌握者，這就是新興的第三階級。法國之第三階級由他們的實力，打破了特權的貴族和僧侶的地位，而自己獲得了實質的支配權。故在這個意義上，法國革命是第三階級的革命。十八世紀法國的合理主義，啓蒙主義的思想家，爲這革命作了思想的先驅。在革命時代法國革命的思想，表現得最明顯的是 Abbé Sièyès氏(1748—1836)"第三階級是什麽?"及"特權論"(Qu'est-ce que la Tiers—Etat?1788,Essai sur les Privilèges,1788)。他攻擊貴族和僧侶的特權，主張佔有人口之大部份，爲民族做過最有用的事業之第三階級，須使他們相當地參與政權。他是盧騷的門下，他以爲國家是由任意的使自己的意志和一般的意志相結合之個人而成立的。Siéyés 氏以為在一個大國家，一般的意志是由為人民全體而行動的代表者所表現的，這點是和盧騷不同的。故他主張國民會議之召集及憲法的起草。

詳細地討論過“憲法論”的是 Marie-Jean-Antoine-Nicholos Caritat, Marquis de Condorcet 氏(1743—1794) Plan de Constitutoin. 1788年)。他精通美國的法憲，他深信祇有立憲議會可以完全地表現國民的意志。但在我們視為重要的，不是 Condorcet 氏的政治學說，而是他的社會觀。法國革命時代，的確是一個改革時代。誠如 Hegel 氏所說，要神的事物和世俗的事物的調和，才能够成就的精神的狂熱支配着世界的時代。Condorcet 氏亦有這種信念。他信人類的完成的可能性，革命就是向人類完成的第一步。他把這個人類之完成，建設在歷史觀的上面了。“人類精神的進步”(Esquisse d'un Tableau Historique de progres de l'Esprit Humain, 1793)是他的人類完成論。這本書是 Condorcet 氏逃避 Robespierre 氏（法國大革命時 Jacobin 黨的首領，是極端的共和主義者，1758—1794)的偵探，藏伏在友人住家的屋頂裏面時執筆寫成的，他仍抱有對人類將來的有光輝的希望。

Condorcet 氏根本的思想，是人類的完成。指向人類之完成的道路，在過去由繼續的進步表現，在將來又有無限的進步而達成罷。人類自表現於地球上以來，到現代爲止，在知識道德幸福上，都不斷地有了進步，如果這世界仍能繼續，這種進步也一定繼續罷。人類最初是程度最低的野蠻人，不見得比其他的動物優越。

人類由那時代起至現在爲止，繼續了他的進步，這個過去的進步的時期。我們得分爲九個階段。最初之階段，祇是由對於人類之能力及野蠻人的生活之觀念爲推測而已。在第一期人類結合爲狩獵者之羣，在這時候，有相當的公權及家族關係之存在，亦有言語。第二期是游牧狀態，行私有財產制，同時就有生活條件之不平等，及奴隸之發生。他們學習知識，發明簡單的技術，習得科學之初步的原理。在第三期爲農業狀態，閒暇和富財日見增大，勞働則有更良好的分配及適用，交通機關增加，進步的速度亦加快。音標文字的發見和歷史的推測的時代已過，而開始由文書記述的歷史時代。第四期及第五期可以以希臘及羅馬爲代表。第六期及第七期則和中世相當。第六期以十字軍告終結。第七期則以印刷術之發明爲最後。第八期由印刷術之發明起，至 Descartes 氏的哲學的思索之發明止。第九期由 Descartes 氏的知識革命起，至1789年的政治的及道德的大革命爲止。而這個第九期以 Newton 氏的自然界之眞體系，Locke 氏及 Condillac 氏之人性的體質，及 Turgot 氏，Price 氏，盧騷之社會的本質之發見等爲特色。

根據某種原則區分社會發達的時代，這不單在理解人類之發達上所必要的。[七]在認識社會現象之一般性（當然是含有歷史的性質）亦是可能的，社會學及歷史哲學，正以此爲研究對象。Condorcet 氏的歐洲文明發達的區分，縱令不甚適當，但他能够分爲階段而觀察社會發達之一點，不能不說是最有値價。並且 Condoreet 氏不單考察過去，也預測將來。他主張，如果我們知道現象的法則，一定可以確切地預示現象。又縱令法則不甚明瞭，我們根據過去的經驗，大抵可以預測到將來的現象。然則我們能預斷歷史的結果即能預斷將來人類的運命，這並不是不可思議的事。自然科學的全基礎，是以規律宇宙的現象之一般的諸法則爲必然的且是定常的之思想，但是這個思想不單適用於自然界之諸現象，就於人類之智的及道德的能力，也可以爲同樣的說明。Condorcet 氏是立於上述的立場，而欲預測將來的。

他說，據從來之歷史上的事實，在現在可以決定社會之將來的傾向有三。這種進步之三傾向，(一)是打破民族的不平等，(二)是打破諸階級間的不平等，(三)是人性的完成。第一所謂打破民族間的不平等，並不是破壞諸民族所具有的自然的性質，而使歸於平等的意思。Condorcet 氏的意思是指諸民族之自由，及權利之不平等。由確立權利及自由之平等，而排除一民族對他民族之精神及肉體的奴隸狀態，是當時的一傾向。這個傾向在1791年及1793年的憲法中表現出來了。這個打破民族間的不平等，必然地會使人想及一民族內之市民的相異的階級之不平等。對於自由的權利，在性質上，是屬於一切的人們的，故不會使人們相分離，反能使人們相結合。一民族內之諸階級之不平等，一定是包涵財富及教育的不平等。打破財富的不平等的意義，不是歷史的進步之傾向可以消滅貧富之差，而是由民法及其他的法律所確立，所保持的財富上之社會的特權之差別，漸次絕滅的意思。由這些社會的，特權的之撤廢，使所有權，商業及工業，變爲完全自由的，而打破社會上之一切的身份及階級制度。所謂教育的平等也是指教育的機會均等的意思。他的意思是單因爲要打破奴隸狀態，故有教育程度平等的必要，並不是說萬人都要受一定量的教育。萬民祇在經營他們的生業上，關於教育有平等及自由的機會。第三是人性之完成。已如上述，Condorcet 氏相信在人類有知識的·道德的，肉體的之完成之道。他以爲人類之智識的進步，是無限的。這不單在個人是無限的，還可以之遺留給後代。故後代不單可以繼承前代之知識，後代人在知識的能力上，可以凌駕前代人之上。他又相信和知識之發達同樣有無限的道德的進步。知識的進步不會使倫理的知識陷於停滯的狀態罷。關於倫理的知識，若和其他的一般的知識同樣發展時，人們可以依此知識而行動，因之道德的進步，也是可以期待的。肉體的發達和智識的發達是互相助長的。因爲醫學，衛生學，經濟學，統治法之進步，人們漸次可以保持永壽了，死單由異常的事件而發生，或爲漸次衰老的結果，由誕生至死的期間，可以延長而不能加以一定的制限了。像這樣的無論在任何一點 Condorcet 氏都是相信人性之進步和完成

Condorcet 氏的人類完全論，一般以爲是以歷史爲基礎，但過於非現實的，樂觀的。如上所述，他受 Robespiere 氏的密探之追跡，而執筆寫人性進步論，到次年即逝世。他沒有看見法國革命的完成的結果，便與世長辭了。他所說雖是過於樂觀的，

但他的見地和近世社會學方法相接近。不過他的改造社會的熱情使他匆匆地下了論斷。Condorcet氏的希望是連結在革命上。但是革命果眞現實了作他的目標之自由，平等，博愛麽？法國革命只是第三階級的福音，對其他階級法國革命之社會的及政治的結果，則並不算是福音。高呼起來的革命總算成功了，但是萬人並沒有享到幸福。然則要如何地才能使萬人得到幸福呢？這個問題當然會發生出來的。欲解答這個問題的人是近世空想的社會主義者。為解答這問題。不能不回復到人類社會之本質上觀察。回復到這個本質爲出發的，是St. Simon 氏。

七

Claude Henri de Rouvoy Saint-Simon 氏，(1760—1825)他的偉大，不單作一個空想的社會主義者。如下所述，他依社會學的方法，觀察近代社會，在這一點可以說他是法國的最初之社會學體系建設者，Comte 氏之師。Comte 氏所作成的社會學之體系化，在許多點上，是 St. Simon 之主張的發展。不單 Comte 氏，德國社會學之建設者 Stein 氏及馬克斯都是顯著地受了 St. Simon氏的影響。故 Paul Barth 氏以他爲社會學史上的始祖。

在思想史上留有偉大的盛名的 St. Simon 氏的生活，極其坎坷。他生於法國的名門，最初志望爲軍人而受軍事教育。富有熱情的他，十九歲時卽參加美國獨立戰爭，在華盛頓指揮之下，極其活躍。1784年回國，1788年升進爲大佐。但在這時候，他忽厭倦軍人生活，因而退職，後專心研究以人類及自然爲對象的科學。他因爲這個研究犧牲了他的一切，耗盡了他所有的財產。嗣後他的生活是在貧困和研究的裏面。他窮至印刷費都無從出，賴一二友人的援助，僅能繼續其研究。但是熱情的他，得了幾個有力的門人，作 St. Simon 氏主義者，均是知名之士，St. Simon 氏沒後，對於法國思想界與以有力的影響。氏對於社會學之建設之影響既如上述。1823年，他因爲煩悶，欲以獵鎗自殺，但被救回來了。至1825年，病歿於巴黎。

我們是在記述 St. Simon 氏的社會觀，尤其是以記述他的歷史觀爲主。他的社會觀，主要地表現於次記之諸著作中。

"日內瓦人的書信"(Letters d'un habitant de Genève 1802.)

"人類科學隨筆錄"(Mémoire sur la science de l'homme 1813.)

"歐洲社會改造論"(De la Reorganisation de la seciétè europèenne 1814.)

"政治論"(La Politique 1819.)

"組織者"(L'organisateur 1819.)

"產業組織"(Système industriel 1821, 1822)

"產業者問答"(Catèchisme des industriels 1824.)

"新基督教"(Nouveau Chritianisme 1825.)

St. Simon 氏和 Condorcet 氏一樣，相信人類之進步。他證明這個進步是在人類之前途。奴隸制度之消滅，大模規的社會組織，及科學之發芽等，是這個進步的特徵。人類之黃金時代，不是在過去，而是尚未到來。他是極樂觀論者，平和論者。有作人類目標的而進展的，是黃金的世界，他排斥用暴力手段去和這個世界相接近。他的目的是欲以政治的權力廣分配於勞動者。但在他的社會觀，政治不是第一義的。他以爲政治不是社會織織之基礎。這是 St. Simon 氏由經驗而知道的。由1789年至1815年間，在法國制定了不同的憲法者十回。但是人類不能急劇地變化自己，故社會生活也不顧到憲法之差異如何，在本質上仍無何等的變化。這個事實使 St. Simon 氏注意到憲法對於社會並不是本質的東西，不是形成社會生活的根柢。我們祇是過於重視政治形態，决定政治的形態和機能的法律，並不是重要的，憲法不像决定財產權及其行使的法律那樣對於人民的幸福有影響。議會政治是一個形式，財產才是形成社會的核心的。富，是一切政治之眞正的而且唯一的基礎。

St. Simon 氏根據這個見地，要求一個新政治學，要求依據物理學及其他之實證科學的方法之新政治學。立於這個見地的新政治學，不是財產之學，而是生產之學，但又和經濟學不同。他承認財產的形態和生產之相互關係。卽財產之形態由生產，或生產由財產之形態，而決定的。St. Simon氏以財產（或生產）爲歷史觀的中心。以由這個財產而形成的階級鬥爭，爲歷史中心的事項，故可以說他是馬克斯唯物史觀的一個先驅者。（如後所述，他在他一方面亦可以說是精神史觀的提倡者。）由這個經濟的史觀，觀察法國社會，他欲由是實證他所主張的產業組織。據 St. Simon 氏說，法國民族征服了 Gallia 後，發生了兩個階級，卽是作征服者的法國民族和作奴隸的 Gallia 民族。奴隸爲征服者從事農耕及手工的勞動，他們由是才能得到少數的工銀，但在十字軍時代及其以後，世風日見奢侈，法國的封建諸侯，需要多額的費用。於是，他們不能不賣"自由"給奴隸。同時這個奢侈也增加了手工業者及商人在社會上的重要性。路易十一世利用這個新興勢力，欲置法國諸侯於他的支配下。國王和他們相結合，剝削諸侯的地方政權，商人則剝削都市的政權，故諸侯在國家上的重要性極度地減少了。在路易十四世治下，他們不過是在朝廷中作王的侍者而已。到了這個偉大國王的次世，作交易增加的結果，成立一個新階級，即是銀行業者，商人的勢力，日益增大。這些商人到1789年舉行革命了。這個革命的目的，是在產業制度的確立，但未見完成，因爲這是要產業者把國家的行政集於掌握中後才能完成的。像這樣的，St. Simon 氏不像舊時的歷史家，列舉雜多的原因，而說明政治的變化；他祗以階級形成及階級對立去說明政治的變化。但 St. Simon 氏並不單以經濟的要素決定歷史。他自己抱有可以稱爲精神史觀的思想中心的史觀。

St. Simon 以所謂精神的史觀，是思想中心的史觀，人類之智識狀態，對歷史上各時期，各予以特性，而由一時期至他時期的推移。是向智識的變化裏面，求其原因，即以爲決定歷史之過程的是智識。但是決定歷史的最基礎的東西，仍是經濟的原因。產業之進步是最決定的。智識也是在決定歷史的行程上，負有重大的職能。例如亞刺伯人之來歐洲，對於封建制之崩壞，助力甚大。這是因爲他們有科學的教養。一切的政治制度，要有一個哲學·尤其是以道德，爲基礎。故中世之封建制度與當時之神學體系相結合，十九世紀初葉之議會政治，雖是一個過渡的形態，但也和形而上學及法學相結合。St. Simon 氏主張的所謂"產業的"政治制度，是和實證科學有密切的關係。在中世紀特有的俗權和教權的分割，和我們的思惟方法相當。即教權表示演繹的（先天的 A-priori）方法，而俗權表示歸納的（後天的，A-Posterori）方法。新教徒(Protistant)的宗教革命，是破壞教權的第一步，這是使教權服從俗權的。形而上學爲要使科學自由地發展，故破壞信仰；科學的發達終於產生出實證主義的時代。通人類的歷史全體，而概觀歷史的發達，可分爲三階段，（一）神學的階段，（二）形而上學之階段，（三）實證主義的階段。這個知識發達的三階段說，後來由他的門人 Comte 氏而體系化了。關於這點師生同是有名的。神學的階段是以一切的現象爲神之意志的時代；形而上學的階段是設立一定的抽象的本質，以爲從此本質可以發現一切的現象；實證主義的階段以一切的現象之本質研究爲第二義，而單是研究現象間的因果關係的時代。神學的階段及形而上學的階段是過去及現在，實證主義的階段，則屬於將來。

以如上所述的歷史觀，使與從來的歷史觀相對立，據 St. Simon氏，從來的歷史祇是權力者的傳記而已，不得稱爲歷史。歷史要綜合某種事實，誘導出一個一般的法則，更進而達到其他的結果，才能成立爲眞正的歷史。過去的思想家能達到這個見地的，祇有 Condorcet氏一人。

St. Simon 氏以依歷史觀察所得，欲以之推測將來。他以爲理論和實際是不可分的。理論和實際依歷史的認識之基礎可以合理地相結合。卽以預測原來的本質之自然科學的方法應用到政治學上去。政治現象上的預測是由過去事實的結論，比較自然科學的預測，更爲確實。例如英國克林威爾的革命過程，其大部分在法國革命時重演出來了。像這樣的，使人類之洞察有極度的的進步，差不多和神的先見相接近，這是一切人類的勞動之本來的目的。然則由此方法預測到的是什麼呢？據 St. Simon氏說，在過去，祇有法律家和形而上學者爲有用，兩者有密切的關係，法律常與王權相結合，欲根據羅馬法以限制封建制度；形而上學者引起十六世紀的宗教革命，欲依據良心自由的原則，以覆滅獨立的宗教的權力，及天主教的信仰。這兩者所關心的主要者，是形式勝於內容，原則勝於事實。他們是立憲王國的創造者，執行者。所謂"立憲的"這個名詞，是極度的形而上學的大言壯語之士及文人作支配階級時的一個社會的變態。1789年的革命生產者以法律家和形而上學者爲他們的代表，是最大的過失。現在爲改正這種過失，一般勤勞的生產者掌握政權，管理政治的時代快要來臨了。

哲學者就於這個可爲最善的社會組織，不可不加以考察。眞心的哲學者的事業，對於該時代，要想出最善之社會組織，使爲政者和被支配者採用這種組織。故在 St. Simon 氏，由他的處女作直至最後的著作中，都是表示着一種確固的目的，即是最大多數的貧困階級之精神的及肉體的狀態之改善。他所主張的改善方法，不是舊時的政治方法，而是以藝術的，科學的及勤勞之能力爲基礎的方法。敍述這個將來的社會，不是作者現在的任務，在這裏祇把 St. Simon 在社會觀上，用歷史的，現實的，心理方法，對於將來社會學體系之建設的貢獻，重述一次，是作者引爲滿足的。然則 St. Simon 氏對於社會學之貢獻如何？據 P. Barth 氏之研究，有次之六點：

一，政治學是觀察的科學。像物理學般，以之爲實證的科學。

二，政治學之對象，不是憲法，而是社會學全體。

三，人類精神之發展，有一定的方向。

四，精神發展之一切階段，即一切的哲學體系和以此爲基礎的政治制度相結合。政治制度在這個精神的基礎以外，誘導出一定的階級形式，而以一定的生產及財產制度爲牠的基礎。

五，對於法國最初給予階級構成史。

六，像這樣的，St. Simon 氏把歷史，從文學轉變爲科學。

第四章

德國社會學思想之發達

一

如前所述，一般重視文藝復興和宗教革命的影響，因爲牠們是近代初期的，社會思想的表現。關於這點，德國有 Luther 氏作宗教革命運動的指導者，有 P. Menlanchthon 氏把 Luther 氏的思想體系化，對於社會思想上之貢獻極大。宗教革命運動，是一個發見自己的運動，形成近代社會思想的一支柱，在他的形式和內容上，為形成個人主義社會觀的一要素。欲以全無成見的態度觀察社會現象之傾向，因自然科學的種種發見，受了刺激。從前以神的意志所解釋的社會現象，到現在趨向自然求其基礎了。於是知道社會現象並不是神之意志，而是作自然之一部的人類的意志。在這方面，德國產出與荷蘭之 H. Grotius 氏並稱的自然法學者兼社會契約論者之 Samuel Puffendorf 氏(1631—1694)，及可以和法國之 Bodin 氏相匹敵的 Johann Althusius 氏 (1557—1638)；但對於社會學的思想的貢獻，德國到底讓英法一步。這是起因於近世初期(十六世紀及十七世紀)之德國社會狀態。在德國也和英國一樣，近世初期發生過所謂農業革命，其結果，失了土地而陷於貧困的農民，都起來作農民戰爭 (1525年)。德國之農民戰爭，規模極大，差不多使全德國化為革命運動之場。但這個強大的農民戰爭，由貴族和新興商人的聯合勢力，終於澈底地被克服了，農民始終沒有從這種壓迫，掙扎出來。宗教革命運動的餘波，作三十年戰爭而表現，由1619年至1648年之三十年間，全是發端於德國諸侯之宗教的戰爭，丹麥，瑞士，法國互相以德國爲舞台而鬥爭，因此德國諸地方的文化全被破壞，也陷於極度貧困。但這個困窮由普魯士國王 Friedrich 大帝（1712—1786）一手挽回來了。大帝的治世爲十八世紀之後半期，這時候的普魯士成爲德國裏面的最大的強國之一。以後的德國諸邦，都是在社會上及政治上未發達的狀態中的小國家，四分五裂。Friedrich 大帝的國家膨脹政策，也因爲數次的戰爭（尤其是七年戰爭，1756—63）使數萬的人家，化爲灰燼，多數壯丁戰死沙場，田園荒廢，國內陷於極度的窮乏。幸得 Friedrich 大帝的戰後經營策，即保護政策，漸次奏功，國勢日隆，可以威震四鄰。人口之增率亦大，終於達到六百萬之數。普魯士在這樣的狀態中，送十八世紀而新迎十九世紀。

二

因普魯士王國的興隆，受利益最多者是該國屬下的封建貴族。封建貴族的知識行動是自十六世紀以來已經確立了的，自農業革命以後，他們作貴族同時作商品生產者。在這個社會之動搖期，他們利用封建的特權，剝奪農民的共有地，而經營大農業，同時從鄉村裏把農民放逐出來而奪取其所有權，或蔑視農民的人格，課以苛酷的勞動。德國之專政的王政，經數百年之久而不能禁止這個掠奪。普魯士專制政府，不單不禁止，並因爲軍事上及財政上的必要，與貴族相結合而壓迫農民。於是農民的大部份變爲農業勞動者或流入都市變爲手工業勞働者。貴族，像這樣的，獲得大經營上所必要的土地，同時也獲得了這些農人，資本遂自然集積於他們的掌中了。這個資本的蓄積，以之經營農業，超過了定量，貴族遂從農業的生產者，更進一步作工業的生產者。他們的資本，第一投資於火酒的釀造。在那時代以來，德國的火酒供給全歐。

其次是蔗糖的製造。德國的布爾喬亞受這個貴族黨（Junkers）的勢力的壓迫，不能抬頭。

都市上的經濟的勢力，雖然有衰頹的傾向，但還是操於商工兩組合的掌中。普魯士和其他政府的方針，對於組合制度，是甚不利的，政府不單不贊助這種組合制度，反有想打破他們已得勢力的形勢。故在德國的特權手工業者，不能再有絲毫發展的餘地了。在這個間隙，德國的資本主義遂發展起來，即不顧德國的一般的窮乏，在舊商業都市及商港都市，都積集了多大的資本。何也？因在十八世紀爲維持宮廷及軍隊需要鉅額費用，租稅及國債的激增，特惠的經濟的政策上，所要的鉅大的經費等，變爲對於資本主義的生產方法的大刺激。這個特惠的經濟政策，對於一部分資本家，供給了多大的資本。由這樣的租稅，勞役，賦課而起的農民的搾取，結果是供給貴族黨員和軍隊以鉅大的利潤，同時資本家亦得分肥。但德國資本主義的發達比英法的資本主義的發達，遲得很遠。德國的資本主義僅藉對於勞働之低廉的工銀，和商業上的詭策，而欲與英法資本主義競爭。他們的基礎的生產方法，是資本家的生產之最古的，且最退步的形態，卽家內工業，(House-industry) 以由手的勞働之生產爲主，使用機械的工塲尙在未發達的狀態。

這種形態之資本主義盛行的地方是Schlesien和 Saxon。Schlesien 地方，在某一點上，說是 Elbe 河以東的封建的社會的典型。現在資本主義建設於其上了。Schlesien 地方從來卽以亞蔴工業聞名。這地方的工業經營權，爲領主所獨佔，一切織匠隸屬於領主，對領主要貢納織匠稅。故作勞働者的織匠，要受領主兩重的榨取，第一是由於領主的資本主義的經營，第二是由於對領主之封建的貢納。至十八世紀中葉爲止，一般織匠雖極貧窮，但這產業仍極隆盛，在這時候，Schlesien 地方的產業，不能不遇著具有更優良之生產條件的英吉利，愛爾蘭的競爭。於是知道勞働條件之變化。Saxon 王國的資本主義起源，可以遠溯到宗教革命時代，在 Saxon 地方最古的企業，是礦山業。美國的金銀礦的發現，使 Saxon 地方的礦山業，陷於不振的狀態。幸得 Saxon 地方位於德國之中央，在地理上佔有優良的位置，加以從來之商業關係及鉛，錫，煤等地下財寶之豐富，挽回了 Saxon 地方的工業，不致永陷於不振狀態。加以 Leipzig 地方的定期市（Messe）也助長了工業的發達。Saxon 王國也具有可以使纖維工業發達的機會。

以這些封建形態的資本主義相對立，具有近代的大工業，達到了所謂近代的市民社會之狀態的地方是 Rheinland 和 Westphalein。在這些地方有多種的大規模的工業，尤其是在 Rheinbayern 及 Rhein-hessen。自 1795 年以來，和法國革命的第三階級解放政策取了相同的步調，在這一點，所以比其他地方進步。原來這個地方水運便利，地下亦有各種豐富的礦量，具備了產業發達的諸條件。這些，因第三階級的發達，同時也歸他們所利用了。在 Aachen, Kern, Duessheldorf 等地方經營有種種的工業。木棉，羊毛，絹布及與這些有關連的漂白，染色，印刷及其他鍊鐵機械，礦業，武器製造等。故這些地方的人口，極其稠密。因這些工業的發達，同時和世界各國貿易。這樣的工商業的繁盛，必然地促成資本主義的集積。在都市的舊時的階級消滅之後，新發芽的是布爾喬亞和普羅列塔利亞兩階級，這兩者互相對峙，終於各作獨立的階級。布爾喬亞的勢力，不單支配都市，而且因向農業的投資，兼支配了農村。

由以上的敍述，明白地可以知道由十八世紀末至十九世紀初葉的德國——尤其是普魯士的社會狀態，在專制的王政之下，一方有資本主義化了的封建貴族和新興勃起的商人階級，他方面則有瀕於滅亡的手工業者，貧困的農民，及漸次增加的工業的普羅列塔利亞。受法國革命的影響，施以多少改變的古典哲學之社會觀，作新興布爾喬亞階級的哲學之經濟的自由主義，作中產的小市民的立脚點之浪漫主義，及隨這些思潮而起的普羅列塔利亞所恃爲立脚點的社會主義，都是在這樣的社會狀態之下發生出來的。

三

Franz Oppenheimer氏舉出Lorenz von Stein氏和馬克斯（Karl Marx）氏爲德國社會學之父。浪漫主義之研究家 Jacab Baxa氏，則以德國社會學之建設者的名譽歸之 Fichte 氏。Wiese 氏則主張，對於社會學之貢獻，Fichte 氏不及 Hegel 氏。Spann 氏則舉康德(Kant)，Fichte氏及 Hegel 氏等。這是因他們對於社會學的意義解釋不同，而採不同的立場。作者是以社會現象之現實的，實證的觀察方法爲社會學之方法，故當然贊成 Oppenheimer 氏之說。但是"羅馬的建設，不是一日成功的，"同樣德國之社會學也不是到了 Stein 氏和馬克斯才突然發生長成的。我們要耕耘牠所生長的土地，也要注意到他的肥料。

恩格斯（F. Engels）說："我們德國的社會主義者，不單接受了 St. Simon 氏，A. Fouillée 氏，R. Owen 氏的系統，也承受了康德，Fichte 氏及 Hegel 氏的系統，這是可以自誇的。" 這不單就以馬克斯主義可以這樣說，卽就於成立時代的德國社會學也可以這樣說。一言而蔽之，成立時代的德國社會學，是以德志意精神爲主，英，法之素材爲輔。如後面所述，由法國革命之理論及英國自由主義輸入之影響而起來的個人主義，主張一部份的改革之古典哲學（康德），反對個人主義的浪漫主義（John Miller）等，各有各的特色的社會觀，各有各的社會理想。這些思想到 Hegel 氏時代，由他新鑄爲純粹之德國的形態。德國社會學之創設者（Stein 和馬克斯）都是以 Hegel 氏之社會觀爲出發點。關於 Hegel 氏，若不釋明他以前的諸思想，則不能理解他的社會觀。故對於十九世紀初葉的諸思想，有概要地知道的必要，由是才可以研究德國社會學成立史。當觀察最近之德國社會學的諸傾向時，這些思潮之影響之跡，很明瞭地可以看得出來。卽由這個意義說來，對那時代的思潮仍有了解的必要。但欲理解那時代之諸思想實是困難，因爲他們是極抽象的，思辨的哲學的。因他們的大多數是純粹的哲學者，有這樣的思想，是不可避免的。我們祇從他們言論中摘取其社會觀，而簡單地記述之如次。

四

第一先論自由主義的思想。自由主義發展於英國，同時是法國革命的標語。萊茵河右岸的革命運動，當然會影響及其左岸的德國。而當時在勃興中的新產業，亦歡迎個人主義，自由主義之新思想，自不待言。

介紹及輸入英國自由主義之思想者，是 Goettingen 大學。Goettingen 是 Hannover 的一都市，當時爲英領地。Goettingen 大學是在德國最新的一個大學，因爲在英國之支配下，故保有極自由主義的傾向。最初的大學校長（大學成立於1737年）爲 G. von Muenchhhansen 氏，由他的設施，政治科學及史學特別發達，這大學即以此點爲特徵。學生也不全是德國人，大多數是英國青年，在這一點，即可以認識出英國的影響。後來作自由主義之政治家，在德國政界活動的 Hardenherg 氏（1766

年），及 Freiherr von Stein 氏（1773年），又德國之 Smith 氏經濟學之主張者 Georg Sartorius氏，Hufeland 氏、Christian J. Kraus 氏 A. F.Lueder 氏等都是由這大學出身的。

A. Smith 的"原富"出版後不久，由駐倫敦的德國人J.F.Schiller 氏翻爲德譯本（Untersuchunger ber Natur und Ursachen von Nationalreichtumern 1. Bd. 1776. 11. Bd. 1778 Leipzig)。對於這個翻譯最初下批評的是 Goettingen 大學的哲學教授 G. H. Feder 氏，批評文於1777年三月十日之 Goettingische Gelehrte Anzeigen（新聞）上發表。Feder 氏批評 Smith 氏的著作爲古典的，並且 Smith 氏的自然的自由的制度學說，對於這個批評家雖有很大的印象，但他仍然認到自由競爭之害惡，關於自由放任主義之普遍性，抱有疑問。他的批評因爲發生於 Goettingen 大學，一時頗引起世人之注意，對於當時的理財家（Kameralist）的思想，給予很大的衝動。對於"原富"的翻譯之批評，此外尚有兩人。這些批評家都是以重農學派的批評爲立場的，他們同意於Smith氏的意見。雖然有這些批評及介紹，但 Smith 氏的著述在德國一般都不甚看重。"原富"之德譯本，至1793年止，發行第三版。有名的 Smith 氏的解說者 G.Sartorius 氏，對此再作批評，投稿於 Goettingen 新聞。次年(即1794年) Smith 氏學派的 Christian Garve 氏之新譯"原富"出版。同年對於新譯原富之批評再見於 Goettingen 之新聞上。這部新譯於1796年重版，1799年再版，1810年出第三版。

經濟的自由主義，因產業之發達，同時佔有了確實的地位。不單在經濟界，政治家裏面也有抱這種見解的。普魯士的司法大臣 von Schroetter 氏竟至於說，凡欲爲官吏的青年，一定要聽 Smith氏學派的 Kraus 教授的講義。其他如 F. von Finke 氏，Stein 氏，H. von Schoen 氏，Hardenberg 氏等都是政治的及經濟的自由主義之信徒，其中以 W. von Humboldt 氏爲最有名。這個狀態自然地會反影到政治上面去。在 Enna 及 Auerstaedt 等地方，和拿破崙戰敗後，在普魯士即舉行內政的改革。普魯士王於1807年九月一日發布解放的勅令，其十二條是"於1810年 Luther 的紀念日（十一月十一日）爲廢止全國隸奴之日。"並布告："從1810年 Luther 紀念日以後，在德國祇有自由的國民。"1810年十月二日，宣言一切營業的自由，嗣後一切的營業，凡繳納了一定租稅後，無論何人皆可經營。一切人們在法律面前是自由的，並且在經濟上之個人的自由的活動之障害亦悉行撤去。舊時之身分的國家（Standes-staat）廢止後，形成新的階級國家（Klassen-staat）。

自由主義在實際上，因之在理論上，都佔有確實的地位了。自由主義之德國的形態是博愛思想（Humanitaetgedanke）。這個理論的代表者是Wilthelm von Humboldt 氏（1767—1835）。他在實際上，於1809年作普魯士王國的教育大臣，對於教育制度之改革，也有很大的貢獻。他的遺著"國家活動之界限"（Ideen zu einem Versuch, die Grenzen der Wirksamkeit des Staates zu bestimmen, Breslau 1851）裏面主張極端地限制國家的活動，對個人則給予可及的活動之自由。對於個人之自由有制限的場合，祗是限於個人以自己的自由，傷害他人自由的時候。故國家的職能是消極的。即是維持安寧及防禦外敵兩者。自由主義由一個經濟觀，社會觀，發展爲一個世界觀·以無限制的性善的樂觀主義，爲其基礎的一個人生觀。自由主義，本來如英國古典經濟學裏面表現得很明白的，可以分爲樂觀論（Smith 及法國人 Jean Baptist Say）和悲觀論（T. R. Malthus 及 David Ricardo）兩派，但在德國是樂觀論的發展。個人是一切行爲及活動的遂行者，出發點。故國家須爲個人的利益服務。抱有所謂原始的社會觀的他們，都相信各個人的利的結局，是增加社會一般的幸福。故他們相信功利的政治之最大多數之最大幸福。由此見地，個人不是國家的手段，個人要爲自己的目的而活動。博愛思想是由於對個人評價過高而起的結果，這個博愛思想是在以人類及人類價值之理念本身爲一切私的及公共的行爲之至高目的。尊重個人的思想，更進而主張關於爲自由主義之特質的政治及宗教的一般的寬容。博愛思想和寬容的思想相結合而生出世界主義的精神。世界主義把這些精神擴充於民族間之相互的關係，他們相信在這一點，可以看見諸民族之完全調和。自由貿易論者以爲國際間的自由貿易，不單不會和諸國之利益相背反，並且可以增進諸國之利益，因之從經濟的方面樹立國際主義，世界主義。由此立場，對於諸民族間之生活上的民族的要素減低評價，以爲更進一步，可以達到對世界一視同仁的立場。這個主張由德國博愛論者高唱起來，但忽視民族的要素之一點，受了後代的浪漫主義者的非難。自由主義，個人主義雖受了種種的非難，但得到在勃興中的產業階級的擁護，最少，在十九世紀前半期的思想界，作一個支配的思想而存在。

五

由1789年開始的法國革命，對於德國當然有甚大的影響。以自由，平等，博愛爲旗號的革命進行，一般以爲是宣告人類之黎明。接近法國的

Rheinland 地方先受革命的影響，Jacobin 黨就在這裏組織起來了。一切的人們莫不言革命。革命的風潮不單波及於 Rheinland。已如上述，英國之自由主義作經濟學說侵入德國來了，法國革命之思想也作政治學說輸入德國來了。德國受了當時作歐洲一強國之法國的影響最深。凡是進步的東西都是法國的，法國思想不單和革命一同輸入德國，法國的啓蒙思想早就得到了德國進步人物的歡迎。Friedrich 大帝特召見啓蒙思想家 Voltaire 氏，而傾聽他的學說。康德讀盧騷的"愛彌兒傳"，而打破了他的從來的規則生活。欲強固本國的國王，及最冷靜的批判的哲學者都歡迎法國的思想。但是德國還是保持有德國式的東西。在社會思想上，一方受英．法之影響甚深，但一方提出德國的思想來與之對立。

這樣的最代表的人物是康德（Immanuel Kant 1724—1804）。康德對於英，法兩國所盛行的以自然法爲基礎的自由的民主主義的傾向，抱有相當的同情。他受了盧騷的著作的刺激，對於美國之獨立及法國大革命也抱有甚深的興味和感想。這些影響，在他的思想上表現出來了。康德以爲人民的意志是對立法之最高的而且是最終的標準。萬人的意志是一切法律之唯一的泉源。故國家當制限個人的自由的場合，須要制限一切的個人的自由那樣爲組織。由個人之天賦自的由，康德爲一切的人要求在國家上的完全的平等。關於這點康德和英，法之個人主義的自由主義，觀點不是完全相同。他的根本思想不是像英，法之自由主義，個人的肯定及國家之限制的肯定。康德的哲學是建設於英國哲學者 David Hume 氏的哲學的批判之上而完成之的。但他的中心同樣是在個人。他所指的個人，和啓蒙哲學上的個人，完全不同，卽在個人對於國家之關係上的差異。康德雖主張自由主義的民主主義，但他所謂自由明白地是和強有力的國家相結合。在這一點，和英，法之自由主義的民主主義的立場不同。德國因有康德，新的自由概念便發展起來。英，法之自由主義者所要求的自由，是離開國家的自由(Vom Staat)，以國家爲必要的害惡，須盡量所能及限制國家的機能，並努力於擴大不受國家的限制之個人活動之範圍。國家不過是作個人之幸福的終極之一條件而存在。但是，在康德的意思，自由是和國家相結合的自由。在這點，自由的概念完全變了。卽是在國家內的自由（Im Staat）。個人本身不是盡量地離開國家可以獨立的。康德的自由之觀念，是個人對於國家及全體意志之構成，要充分地參加的意義。

和自由主義的個人主義根本的差異，是康德的倫理觀。個人主義的倫理觀，是立於所謂功利主義的立場，道德的行爲之目的，是在增進個人之利益及幸福。故國家在組織之之目的上是要以最大多數之最大幸福爲目標。反之，康德在他的倫理觀裏面，採入了在個人主義所完全缺如的嚴格的義務觀念。他的立場對於個人主義之效果主義而採用尊重動機的理想主義。他不以人爲對目的之手段，常以人爲自己目的而使之行動，這就是他的倫理觀的根本命題。由這個根本命題，產生出實際社會生活上的個人的規範。卽是"擁護你的人權，但不能蔑視他人的人權，要求你所應得的，但對於各人要有確保同樣權利的正義。”但是，使這個理法安固，而實現正義之理念的任務，祇有國家能够負担。在這個職份以外的國家的行動，縱令能够增進國民的幸福，康德以爲也不應當行使的行動。康德在這一點，和所謂博愛的立場相近似。康德對此，給予所謂現在社會政策的之思想傾向之出發點，也給予社會主義之倫理的根據。

六

依據康德的哲學而使之發展，在社會思想之一點，表示有非常的進境的是 Johann Gottlieb Fichte 氏 （1762—1814）。他對於以後的個人及社會觀，有顯著的影響。Fichte 氏的思想，如後所述，前期和後期色彩不同。但在結局，他比康德更明顯地克服個人主義的見解，對國家容許其有更廣大的範圍的行動。作他的哲學中心點的是“自我”(ich)。這個在普通的形態中的“自我”，把全世界作現象創造出來。“按照你的理念，你的目的而創造，而形成，而構成外界的事物。那樣，你即是外界的事物之主。這時候外界的事物，在於你是有用的。作“主”，是你的運命。對你服役，則是外界事物之運命。”像這樣，Fichte 氏以人類爲世界中心點。Fichte 氏對於後代的社會思想，有很大影響的學說，是由此根本思想出發的。Fichte 氏是抱有“以人爲具有理性的人格”之觀念，故他以爲人類社會之構成不是藉社會份子的服從，而是藉社會份子的平等權。Fichte 氏說：“一切的個人在固有的狀態，是不相同的。但一切的人，都具有理性的萌芽。故其目的，即其先驗的本分，是同一的。”根據這個意思，社會之最高的先驗的目的，即是社會份子的完全平等的保證。不過這是要社會份子各制限其外的自由，使其他的份子能够自由的場合，始能成立的。像這樣的自由人格可以併存。但這件事，要在一切的人能够保證他的生活那樣地行財產分配的時候，才是可能的。這個主張，在 Fichte 氏產出了重要的社會理論。這即是所謂生存權（das Recht auf Existenz）。一切的人對於社會都具有要度豐富而快適的生活之要求權。他說："由自然而賦有生命的一切人們，爲要能生活，有平等的要求權。故"財的"分配，先要使到各人由是可以生活而行的。使之生存，及使之能生存。"行這種財之分配，滿足人類之需要，是國家的任務。國家對於一切人，給予勞働和財產。爲要能實現這些事項，一切的財之生產要置於國家監督之下，和外國通商，也要歸之國家獨佔。這就是他的理想主義的社會觀之歸結，由是他如何地從自由主義之合理的個人主義之思想脫却出來而達到普遍主義之社會，也就不難明白了。Fichte 氏的社會觀不是由最初起就作一個統一體而表現的。他的立脚點，最初，是個人主義。克服這個人主義而達到普遍主義之社會觀之一點，是他的社會思想上之重要性，此卽 J. Baxa 氏之所以稱他爲德國社會學之第一人之理由。故觀察德國社會學成立史時，他的社會觀之發達，不能付之等閒的。作者今按 J. Baxa 氏的論述，就於 Fichte 氏的主要著作而觀察他的社會觀之發達。

七

Fichte 氏於1794年在 Enna 地方講演"學者本份論"(Ueber die Bestimmung des Gelehrten)的時候，對於社會問題有深切的而且科學的論述。他的這本書受啓蒙思想的影響甚大，日後發展出來的他的獨特的社會觀，已經可以在這本書裏面約略看出來了。

Fichte 氏在本書裏先論述人類自身的本務。其次論人類的概念。單作一個概念而被考究的人類，是孤立的，以爲是存在於結合外的。但在實際上，人類並不是孤立的。"社會的本能是屬於人類的根本的本能之一。人類是有須生存於社會內的運命。如果人類孤立的時候，則他不是完全的人類，一定弄至自相矛盾。"故人和社會是不可分的。然則何謂社會?"理性存在之相互關係，是卽社會。"理性的存在，卽是人類。人類和其他的動物有別，卽因爲具有理性。祇有有理性的人們，才能够構成眞的社會。所謂人的概念裏面，包涵有理性，思索及理性的行爲等概念。人不單必然地在他本身裏面，實現這個觀念，即在他以外，也可以看見這個概念的實現。這個見解是 Fichte 氏哲學上的根本的命題，也就是他後來離開個人主義，而就普遍主義之立場的萌芽。

Fichte 氏早就知道社會和國家的區別。這兩個概念，在他以前有盧騷，在他以後有 Adam Mueller 氏，都完全作同義的解釋。社會不是單純地和國家同樣的，而是一般爲空間的並立的生活，由是相互的關係所由設定之理性的人類之一切集團。Fichte 氏以爲國家是附有特殊的經驗的條件的社會之一種。社會和國家絕對不能混同。Fichte不以國家生活爲人類之絕對的目的，而以國家爲按照人類之絕對的目的而創設一個完全社會的手段。故國家不過是一種手段，和一切的人類制度一樣，終於會達到否定自己。一切的政治之目的是在使政治化爲無用的東西。不過像這樣的時期尚未達到而已。廢止國家的時期，要等到幾千萬年之後才能達到，這是誰都不能預爲明言的。這不過是在人類理想的終點上，不能不確實地設定之命題。現在還不是確實地可以廢止國家的時期。現在祇是達到了不以權力和狡詐爲社會的支配原則，而能認識，祇有理性是最高之審判者的時期。他的國家和社會的區別，到後來發生重要的社會學影響。例如 Hegel 氏的國家和社會區別，L. von Stein 氏的這種學說之繼承，及馬克斯之見解等的德國社會學的思想，可以說是以 Fichte 氏的國家，社會區別說爲中心而進展的。

據 Fichte 氏說，自由的相互作用是社會之真實的性質。像這樣的社會，不是對於一個最高目的之手段，而是自爲自己目的。人類之固有的社會性 (Gesellschaftlichkeit) 可以分爲積極的及消極的兩方面。

人類之本能在我們之外，尙欲發見自由的理性的存在，並欲與之共同。本能不是像物質之於世界爲服從的，而是想行協動。像這樣的本能產生出相互作用，相互活動，相互授受，相互苦惱及行爲。若是一個人以他人爲一手段及工具，卽以他人爲奴隸而使用之的時候，這個人尚不能說是有社會的本能。社會的本能是精神的文化的產物。

在社會上因爲個人欲相互地達到完全，社會的本能之積極方面，才表現出來。社會所不能達到的終局的目的，即是一切份子的完成。若他們能够達到最終最高的目的，則他們是完全的平等了吧。然則，到那時候，他們是合一的，作唯一的主體吧。在這裏面，有 Fichte 氏的關於一切實在之統一之哲學的根本原理之主張。據他說，一個統一的精神的實在，即是神之理念的存在。而一切之理性的存在參與於這個神之實在。物質的實在，在現實上是不存在的。牠是存在於我們的意識裏面。即是我們的思惟的形象。如果我們在自然裏面看見多樣性(Mannigfaltigkeit）那即是和統一的原理相矛盾的，也是我們不能不克服的缺憾。由是我們日見日達到完成，可以絕對地和永久的統一，即和神之理念相結合。Fichte 氏承認，人若不能廢止其爲人，若不能化爲神，則在社會上，這個哲學的目的是不能達到的。故社會常要依據牠的分子的密切的結合，努力以達到完全的統一，和一致的理想狀態。"共同之完成，""種族之完成"是在社會上的我們的運命。因此我們須要兩種的熟練，其一是給與的熟練，換言之即對於其他之自由的存在爲作用之熟練。其二是感受性的熟練，卽從其他對於我們的作用，要獲得最善的利益之熟練。

人類之天賦及才能是自然地有差別的。但是人類之最高原則，是一切天賦在個人爲平等的發展，一切的才能要求可以達到最高之完成。在一切的個人，如果能力一定要同樣的發展，則在社會，一切的人們亦要求受平等的社會的教育。何以言之？因爲一切的社會的最終目的，卽是一切的社會份子之完全的平等。

於是社會的本能，不能不活動了。卽，這個本能是自由的，和理想的存在不能不相互作用。故本能採取二種的形態，卽傳達本能和受容本能。欲以一方的優秀的方面傳達於他的劣者的本能，卽一個優者，要使其他劣者升高至和自己同等的地位，這種本能謂之傳達本能。採取他人的優點，以之矯正自己的劣點的本能，是謂受容本能。這個場合，一切的個人，都須要努力於從直接社會接受教養，以獲得他本身所缺之點。社會把一切個人的利益，作爲共通財產，這是爲一切人們所自由使用而積蓄的。

熟練教養之目的，在無終極的理性和自然之爭鬥上，爲理性克服自然，而訂正自然之謬誤。社會和一個人共同存在，同時也爲一個人而存在，在一個人爲不可能之事，由一切的人們的結合之力可以作成之。像這樣，由自然所賦予的不平等，我們能作成一基礎，——對於使一切人們結合爲一團之紐帶的一基礎。慾望的刺激及欲增助更加愉快的慾望的刺激，使人們密切地結合起來了。

Fichte 氏以階級的存在爲使人類陷於不平等的可悲的進程，但他承認有這個必然。不過 Fichte 氏不承認門閥階級，以爲階級所屬的選擇，是各人的自由。即各人不能被強制的屬於一階級，亦不能拒絕所屬的階級。何也？因適者得不到適當地位，故社會常常失却社會之一肢體。“無論何人，不該單爲自己享樂而勞働，而不爲他的同胞打算，或對於其他的同胞，不利用他的教養。何也？因爲他亦因社會的勞働，而被置於能够勞働的階級裏面。這個勞働在某一個意義上，是社會的生產物，是社會的財產。如果他不由此勞働給社會以效用：他即是等於從社會奪取那個財產。不單一切的人對於社會要爲有用的，並且還要盡其全力爲社會之目的，即常常使人類向上，而努力。在這時候，由階級的不平等，而生出新的平等，即有在一切個人上的文化之平等的發展之存在。"這實在是理想的狀態。我們對於這個理想狀態不能不邁進努力。

Fichte 氏按次述的論據，承認諸階級的必然性。假定階級不存在，則所有個人常要新從自然受教育。即不能不重演過去數千年的生活。如果在這種狀態人類是不能進步的。故一切的人們，要選擇最初社會對於他認爲可能而容易的教育的部門，才是正當的。他希望能使其他的個人像他一樣地享受各自固有的教育的利益。這就是社會上的階級分歧之起源及理由。

Fickte 氏在"學者本分論"之最後一章，排斥英，法派的自然法學說。卽，他排斥主張盧騷所熱心地讚美過的自然狀態之自然法學說。他力說這個假定之非科學的原由。盧騷因爲受了那時代的不道德事項的刺激，以爲一切罪惡的泉源，是在極度地發達，鍛練了的當時之社會文化；故提倡反對一切的文化，而主張除自然狀態之外，別無可以救濟人類之道了。在盧騷所說的自然狀態中，是不應該有人類特有的能力。人類除動物的慾望以外，不應當有其他慾望的。人要像住在原野中的動物一樣而生活。在這樣的狀態中，則沒有作盧騷非難的對象的罪惡，這是眞實的。但人類不是動物，故不能長時停滯於這樣的狀態中，這也是眞實的。由這個自然的狀態雖可以廢止罪惡，但這個狀態同時使人類廢止了德行和理性，而變爲無理性的動物，卽是產生了一種新的動物，早已經不是人類了。故所謂自然狀態，不過是一個擬制而已，不過是不適於人類本質之一怪談而已。

要言之，表現於"學者本身論"之社會學的思想，最要注意的諸點，如下：

(1)在本質上，樹立社會之普遍主義的概念。

(2)認識作社會之根本法則的相互性。

(3)社會階級之必然的存在，但階級之擇選是自由的。

(4)排斥社會以前的自然狀態。

這四點，已經是社會學見解之萌芽。至這些見解的發展，我們可以從 Fichte 氏之國家學說裏面看出來。他的國家學說最先表現於"根據智識學之原則的自然法之基礎。"(Grundlage des Naturrechtes nach Prinzipin'ess der Wissenschaftslehre 1796—1797)

八

Fichte 氏在他的"自然法之基礎"裏面，檢討過自然法之理論。他原來受過自然法之影響的，但在這著作裏面，完全脫却了自然法之影響。在這部著作，Fichte 氏達到了一個結論，即所謂自然法原來是不存在的，一切的人類原權，不過是一個擬制而已。但是，Fichte 氏在進行論說的途中，沒有完全脫却自然法的影響，仍有依據自然法之點，卽他在盧騷之社會契約之意義上，而論述國民契約。在這個場合，Fichte 氏尙沒有達到社會理論之一體系。他的任務是在對當時之支配學說的精神爲鬥爭。但他一方面仍然信支配學說的妥當性，而一方則漸漸地脫離這個通說。在和這通說鬥爭上，遂達到新學說之創造和成立。

據 Fichte 氏，法的概念是自由的，理性的存在和其他之同質的存在相結合；由此結合，一切的個人爲確保他的自由之某一範圍，祇在制限那個由自之大部份的場合；才成立的。法的概念是自由人相互間的必然的關係之概念，法之目的是自由人本身間之共同生活體。人，要在人與人之間才能成其爲人。而人不是其他的東西。一般因爲要爲人，故一定須要多數。卽人之概念不是個人的概念，而是“種”的概念。這裏卽有 Fichte 氏的普遍主義的社會觀的萌芽。在原權之演繹的場合，論證原權之假定，是以其他的人們之存在的抽象爲前提。嚴密的說，人類之原始狀態及原權是不存在的。實際上，人在社會，祇限於和他人共同才有法。故原權不過是一個擬制 。他又就於相互地包括着個人之財產契約，有所論述，在此場合，達到了次述的結論。卽在自然狀態，維持這個契約的保證，是不存在的。何也？因爲在自然法之範圍內的法的關係之可能性，是全藉相互之眞實和信用的。一切的人有這樣完全的道德的場合，當然不需要外的法律的作用，祇是有道德律。若這個道德律不能行使時，則行外的法律。同時以外的強制而施行。這個強制祇限於共同體才得行使的。故自然法，卽人類相互間之法的關係，除在共同體內，及現實法之下以外是不會發生的。

Fichte 氏以爲國法之主要問題是在可以形成一般的意志的意志之發見。一般的意志之目的，是相互的安全。關於相互的安全之一點，一切的人們不單是一致的，這件事在現實上亦不能不實現的。這是要以外的權力而實現的。國家權力是由國家裏面的國民契約而確定的，他分國民契約爲兩種。

一，財產契約　這個契約是眞消極的，一切的人承認他人的財產，與財產之確保相反的財產之干涉，要相互反對之約束。單依這個消極的契約，效果是甚小的。

二，保護契約　因前者的效果小，故有這個契約的必要。在這個契約上，財產若受某一個國民侵害的場合，要相互援助，而與這個侵害者鬥爭的約束。

Fichte 氏在這裏發問，這個保護契約上的對手方是何人呢？對於怎樣的特定的人要求保護呢？這種保護的要求不是爲特別的一個人，而是爲一切的人。但是何人是被侵害的，又如何的特定的個人作侵害者而現出則尚未確定。這是因爲誰是應該保護的概念尚未確定。這是不特定的概念。由這件事，不單是從我們的思惟發生的概念成立起來，實際的全體概念亦成立。卽自然當創造多數的個人時，把他們個別地分開了的，但在國家裏面，再使之相結合。理性祇有一個，理性在感覺世界的現也祇是一個。人類是理性之唯一的組織成的全體，而且是組織中的全體。人類可以分離爲多數的相互獨立的個體。但是，國家之自然的組織，已經廢了這個獨立，把各個融合於全體裏面，一直到道德包涵全人類爲一的時候止。

據以上的議論，對於侵害財產的保護，是無由全體執行的。在保護契約上的對手方卽是全體。個人和全體相約，互相保護，個人保護全體，全體亦保護個人。由是個人和全體相融合，作全體之一部分。在這裏財產契約及保護契約之二契約上，尙要付加以第三的契約。這就是結合契約，由此契約，個人變爲組織而成的全體之一

九

Fichte 氏在"自然法之基礎上，"不單消極地對舊學說加以批評，他還積極地欲建設自己的學說。Fichte 氏在國家契約說之批判上，樹立了有機體的國家學說。樹木之一部分因爲要維持本身的生命，必然地要維持樹木的全體；同樣國家也是有機的自然的產物，故一部分的損傷，必然地會引

起全部分的損傷。何也？和無生命之自然物不同，具有生命的有機物，他的行爲及關係之决定原因，不單存在於有機體本身的內部、也存在於以外的存在（Sein）裏面。同樣的關係也存在於孤立人中市民間。孤立人單由他的欲望的壓迫，即由個人的及利己的利益而行動。但是市民不單限於他本身，也具有與其他之關係。即市民充滿自己的慾望，同時對於他人也要一樣的待遇。於是他的最必要的慾望，也有不待他自己之活動而由他人之活動可以充足的。在一切的有機體，各部份常包涵全體。因爲部分包涵着全體，故要維持他本身。國民之對國家的關係亦然。一切國民在由全體所賦予的身分內，像維持他本身一樣地要由是維持全體。

據古典哲學者的見解，國家之目的在對內對外保護國民。除此以外，國家再沒有目的。在Fichte氏的"自然法之基礎"裏面，也說人們第一要爲相互的安全，即爲財產的保護而締結國家的契約。但是 Fichte 氏的財產契約說，和當時之通說，異其趣旨。即不以個人確保其物質財本身爲目的。財產契約之目的是在外的感覺的世界上，能得到個人能有一定的自由行動之基礎之一點。故財產契約之對象，不是財物本身，而是個人之自由行動的可能性。對於個人，若這個目的瀕於危殆，則生一種痛苦。這種痛苦，立卽要求爲個人的存續之行爲，及行爲之慾望和可能性。這個痛苦卽是饑餓。求食的願望，是原始的動力，同時這種願望的充足，是國家及一切的生活和本能之最終的目的。

於是，Fichte 氏再誘導出一種新的國家的原理。他說：故一切之自由行動之最高的，而且一般的目的，是在能"生"。一切的人都有這個目的。故自由一般地能够確保，則人亦得到生存的保證。能"生"是一切人的絕對不可侵的財產。一定量的物質財，爲一定的使用，歸屬於他。但這個使用的最後目的，是"生"。確保這個目的之成就，卽是財產契約之精神。故一切的人不能不依他的勞働而生存。這就是一切之理性的國家制度之原理。

Fichte 氏在這裏經驗了思想上的轉化。他從個人主義之財產契約出發，演繹出"生存權"。由是法律的國家觀被克服了，厚生的國家觀代之而興。依據財產契約，一切個人可以得到自由行動之保證，但他是在“由勞働始能生活”之默認的前提之下而存在。即是勞働權（Das Recht auf Arbeit）的承認。國家因是，不能不有所努力。國民在國家所定的範圍內，盡其最善，爲生活而活動。但若證明了沒有能力的場合，他對國家有一個生活保證的要求權。故國家有監督各個人勞働的權利。何也？因爲在國家裏面，不應當有貧者和怠惰者的存在。對於國民之救貧設施的必然的結果，即是國家之勞働強制。因此有包括立法，司法，行政三權的強大的國家權力的必要。爲要行使這個強大的國家權力，及適合其目的，故需要行政官及其監督官。我們在這裏，可以看見國家社會主義的思想。

以上所說是 Fichte 氏的“自然法之基礎”中之最重要的兩點，即國家之統一性及全體性，和厚生國家的觀念。這是他的“自然法之基礎”裏面所表現的社會觀之大本。使這個思想更爲發展，終至主張作社會問題之解决策的理性國家者，即是他的"封鎖的商業國家"（Der Geschlossene Homdelesstaat, 1800）。社會主義史家之大多數，對於此書評價極高。但他們不把這書和 Fichte 氏的哲學體系，及他的時代精神相關連起來；祇以此書爲空想的產物。"封鎖的商業國家"决不是空想的產物，而是根據 Fichte 氏的普遍主義的社會觀，欲深刻地領會社會問題的作品。Fichte 氏也意識到以外的哲學的計劃，對於柏拉圖之理想國及其他之理想國家組織，不能有所增益。他也主張，像這樣的計劃，是不能直接實行的，在這一點他可以說是賢明的政治家。但是他作一個哲學者，則不相信他的理想之絕對的實行之不可能。Fichte 氏的理想，是理性國家（der Vernunftstaat），當然這在現實的世界是不存在的。使歷史的現實國家，突然地化爲理性的國家，是不可能的，對於國民也是最大的不幸。祇在逐漸的發展上，歷史的國家可以接近理性國家。Fichte 氏卽由這個見地寫成作將來之理性國家的封鎖的商業國家。

十

如上所述，由原子的機械的社會觀向普遍主義的有機的社會觀之轉向，是在 Fichte 氏的“自然法之基礎”。康德及其後的德國哲學，破壞了舊時之自然法的個人主義，而代以普遍主義的有機的國家觀，這是在德國精神史上的偉大的貢獻。Fichte 氏否定孤立人，卽否認完全自足的個人之概念，而作成有生命之創造的共同生活體制之概念。康德在主張人類之自主，自己決定之一點，尙立於個人主義之立場。Fichte 氏超出他之上，不以人類爲作個人的人類，而以爲是在多數上的有精神的相關作用之一分子。根據Fichte 氏的這個思想，在藝術及國家學範圍之內，在普遍主義上，解釋社會之本質而主張之的有力的思想家們，是浪漫派的諸家(Romantiscke Schule)。

古典經濟學始於 A. Smith 氏，而由 Malthus 氏，Ricardo 氏等完成之。承繼這學派的系統之自由主義的社會觀，由論證資本家的經濟組織上之不可避免，而終歸於承認了這種經濟組織。反對這個傾向，以爲由國家之逐漸的計劃及干涉，可以救濟這種社會上的害惡者，是 Fichte 氏及在他影響下的浪漫派。

浪漫主義一般是當作一個藝術的傾向而被承認的 Schlegel 氏兄弟，Novalis 氏，Clemens Brentano 氏，Archim v. Armin 氏，Th. A. Hoffmann 氏，Eichendorf 氏等是這個藝術的傾向代表者。但浪漫主義滲入於生活的各方面了。浪漫主義之本質在哲學上表現得最爲明顯。因爲超感覺的先驗的上帝，及對永遠之關係等，意識地或無意識地支配着浪漫主義之藝術及科學。故浪漫主義的本質是一個世界觀。浪漫主義者對於現實的煩悶，今世之死的苦惱，同時對於偉大的永遠的東西，都抱有憧憬。卽作浪漫主義之特徵的是對於現實本身的不可解之哲學的根本的感情，及懷疑與神祕之抗爭。像這樣的立場更增加了浪漫主義之不合理性。當時的個人主義，以十八世紀之合理的唯物論爲基礎，在這一點，浪漫主義和個人主義取了正反對的立場。

浪漫主義在無論任何一點上，都是和個人主義正反對的。其甚者，是對原子的國家觀之有機的國家觀。浪漫主義以人類爲宇宙之一部，故人類不顧如何的主觀，不是孤立的，而是一般社會之一分子。故人在國家及社會上都不是作自主的主體，而是作社會之共同生活的一分子而現出的。像這樣的全體的觀念移至社會，自我之懷疑和神秘，擴充到共同生活了。

最有力地主張這個全體的觀念，有機體的觀念者，是哲學者 Friedrich W. J. Schelling 氏。他把這個有機體觀念，從外界的自然移植到人類之精神的及文化的生活裏面。這個有機體的觀念適用於社會上者，祗是有機的國家觀。有機國家觀之樹立者，在浪漫主義者裏面是 Adam Mueller 氏和 Ludwig von Haller 氏。他們對於國家的評價，遠高於個人。他們不像自由主義者主張以國家爲增進國民幸福的一手段。他們以爲國家本身裏面，倘具有目的。又浪漫主義尊重歷史，由尊重歷史而研究各民族的歷史，由是知各民族之意義，而高唱民族的感情，於是反對自由主義之世界主義。歷史之尊重，變爲過去之理想化，卽欲由囘復到過去之理想的社會，而矯正現在社會裏面的害惡。

有這樣的根本的立場之浪漫主義，在社會科學上作代表者有次舉的三人，卽 A. Mueller 氏，Friedrich Gentz 氏(1764—1832)，及Carl Ludwig von Haller 氏 (1768—1834, Restauration der Staatswissenschaft oder Theorie des Natuerlich-geselligen Zustandes 6Bde, 1816—1819)。但這三人在學說上仍不能一致。尤其是像 Haller 氏的世襲的國家學說，以中世國家爲由私法的契約成立的，這完全不是浪漫的，而是個人主義的。由眞正的浪漫主義前提出發，且爲浪漫主義的，社會思想家之最大代表者是 Mueller 氏 (1779—1829)。

十一

浪漫主義之社會思想，在 Mueller 氏達到了頂點。他的"國家學要論"(Die Elemente der Staatskunst, 1809）是浪漫主義社會思想的代表著作。他在這著作裏面可以說是達到了浪漫派初期以來的業績之大成。由 Mueller 氏的哲學的及宗教的見解，社會，國家及經濟，得到了充分的考察。Mueller 氏之這部著作，刊行後經百年之久，尚很少人能認識其價值，到今日，一般才漸次認識牠的價值了。

Mueller 氏以爲國家和社會是同一構成體。離開了社會——卽國家——之個人，是不能存在的。像 Fichte氏承認相互作用爲社會之根本法則，同樣，Mueller 氏亦承認"對立"(Gegensatz)。"對立"是對於社會的存在，給予運動的；若沒有這個"對立"，則社會必至衰滅。關於"對立"的學說，Mueller氏在他的哲學的及美學的著作(Die Lehre von Gegensatz, 1804）裏面詳述過了，據他的意思，"對立"是說明社會生活之根本法則。由個人之對立，相關，相互影響，遂發生國家或社會的理念(Idee)。Mueller 氏祇承認國家的理念，而不承認國家的概念(Begriff)。何也？據 Mueller 氏說，一切概念是死的，或是將死的。祇有理念是繼續的，有生命的。

Mueller 氏由兩種見地，觀察社會問題。

（1） 社會是由自然所賦予的一定的兩性的關係，Mueller氏稱相互的生活的條件，卽稱使"相互"爲結合的社會的法律，爲法之理念。然則社會是一個法的構成。他不單是數計作屬於人類社會者之現在生存的人們，他把已死的我們的祖先也數進裏面去，他們由看不見的結合，而與生存者結合。我們從祖先承繼着種種的經驗和思索方法，我們的經驗及思索方法，是顯著地受着牠們的支配。

(2) 社會是由"人類之相互依存"及"與自然之爭鬥"，又由"以爲必要的相互扶助之慾望"而生的經濟的構成體。

Mueller 氏的社會觀之出發點是家族。Fichte 氏求社會觀之出發點於個人，以爲人類之不平等的主要原因，是在人類之自然的能力之差異；但Mueller氏則求此原因於年齡之相異及性的相異。

他在這裏看出人類上不變的不平等。他以爲貧富貴賤及他種之差異等，不過是由此本質的差異發生出來的支派。這兩個本質的差異是原有的。故國家學不能不從家族之原理出發。

據 Mueller 氏說，地球上之不合理的不平等，是可以由人力廢止的。人類之行動是不斷地爲平均不平等，爲使分離者結合。但 Mueller 氏並不信地球上之一切不平等之能廢止。他以爲祗在上述的本質的差異之正當的比率上的結合，可以產出社會的調和。何也？因爲無"對立"則無何等之生命也無實在的存在。老年及青年，男性及女性之原則，要同等的在社會上表現。表現這個差異的，卽是諸種的階級。如僧侶，商人，藝術家，貴族之階級(Stand)等。Mueller 氏之所謂社會，不是平等而自由的人們的結合，而是不平等的團體的結合。

十二

Mueller 氏把他的社會學說之全體系，樹立於"對立"之上。據他說，無論什麼事物，也不能永續地存在的，一切都是不斷地在流動。故他以爲一切概念和定義不能說明事物，而且是無價值的。他以爲一般的國家論的缺點，是由於欲作成一個國家的特定的狹義的概念。故國家不能有何等的概念的。我們不能把國家解釋爲固定的，死的，祇能從他的發達和運動上加以解釋。換言之，祇在理念上才能解釋國家。一切的概念都是跟着時的經過而消失。祇有理念是永久的，現存着而生活的。

據 Mueller 氏說，法國革命之一切謬誤，是因爲有一種錯誤的信仰，即欲把一切個人，由社會的結合上分離出來，對舊國家形態以爲可以從外部加以新的形式。Mueller 氏則以爲國家不過是"眞正的有用的發明"，爲除多數不便之手段，保持相互的安寧之機關而已。縱令沒有國家，縱令有不便和不快，也能一樣地生活下去，這是當時的通說。在 Mueller 氏則排斥這通說。他主張一切的生成物，和自然相結合，同樣地人類也在市民的社會中從各方面織入國家裏面，而不能從國家抽出來的。國家不是爲市民的生活之利用和滿足，而設立的人工的制度，國家實在是市民生活全體本身。Mueller 氏以爲市民的存在和人的存在是一致的。人離開了國家，無所謂人。國家不問在精神上及肉體上，是最必要的。人類不單在數千年來之文明社會上，即在一切的時代，一切的地方，都是一樣；若無國家他們是不能見聞，不能思考，不能感覺，不能愛。Mueller 氏立於這樣的見地，對自然法的社會觀，以激越和嘲笑的態度與之鬥爭。國家的發明究竟在何時代何地方呢？以此爲問題之自然法，可以說是離奇怪誕。世人欲由此怪物而批評現實法（Positives Recht）。以爲一切的現實法不是實眞的而是不自然的。並且一般人欲由自然法而推論現實法。故結局弄到不知何爲自然法，何爲現實法，因此一般人都捲於自然法之空論了。"推定自然狀態"是由於世界史中最無根據的部分。那是 Thucydides 氏（希臘的有名史家，Peloponnesian War 戰爭史的著者。）的歷史中所描寫的以前的狀態。據正確之說，國家不問在何時何地，何常存在的。國家外之法律觀念，是不能想定的。法之觀念和國家是同時開始的。人類當開始共同生活時，卽有法的觀念的發生。故國家和人類一樣的悠遠，人類的共同生活，沒有在國家圈外的。故國家是人類之相互結合的法律的構成體。國家不單是法的構成體，他是從事對於自然之永久爭鬥的人類的同盟。由對自然的爭鬥，可以增進社會之勢力。稱此過程爲世界史。人類的全生活是由這個對自然之爭鬥而成的，若離開相互的同盟，而思考人類的生活，是不可能的。卽在和自然——人類之活動的對象——之鬥爭上，要相結合的。在這點說，國家亦是經濟的構成體。

Mueller 氏深信，國家祇顧慮到人類之外的慾望，而單要求其外的行爲的學說之謬誤。發生這種錯誤觀念的是 A. Smith 氏的富的概念。Smith 氏把國富單解作死的物質財的一定量，而不把學者，政治家，俳優，僧侶等數進去。但若在理念上考察富的時候，則對於財之生產，不單是肉體的勞動，精神亦參加在裏面。故人類之精神的慾望及其內的行動，不是和國家無關係的。國家不單是工業，農耕地，保險公司或商業公司。國家是全肉體的及精神的結合，即全肉體的及精神的富的結合，亦即一國民之內的及外的全生活之密切的結合，以非常的勢力，常在運動及活動的全體。像Novalis氏一樣，以國家爲學問及藝術的社會，同樣Mueller之要求國家和科學要成爲一體，科學也是離開了作一切理念所永久活動的國土之國家，是不能成立的。故國家是人類行事的全體，是向有生命的全體之人類行事的結合。

Mueller氏又和世界國家說鬥爭，對於此學說不問其在世界帝國的形態上，或在國際聯盟的形態上，都與之鬥爭。他的根據之一，是哲學的。在Mueller氏以爲祇有對立，祇有在相互作用上才有眞正的生命的存在，在世界帝國祇有一個冷靜的，死的，平等的形態存在着。個人由認識他人而自覺着其人格，同樣，國家也是在多數的國家間，才能成立的。欲絕滅國家間的戰爭，不過是永久的夢想。反之，祇有在眞正的國民戰爭裏面，國家才能够使國民獲得眞正的自覺。共同的辛苦，共同的眼派，是一個強有力的結合劑。世界國家關於地理的及國民的差異，是不顧慮的。一切的國民生活都在這裏面受了阻害。Mu-ller 氏又從政治的理由，排斥國際會議，及世界帝國之理想。這個場合，在他眼前常是一個侵略者拿破崙的帝國。一個世界帝國是不能發生於不偏不黨之判定完全不同的民族間。牠一定是常以特殊的東西壓迫全體。其結果不是人類最高的幸福，而形成不可救藥的專制。祇有依組織最良的警察力，最強者就世界之王位而已。使諸民族結合成一個世界聯盟的，決不是地球上的權力，而是精神的力，但那不過是一個世界理念，即是宗教。

十三

德國之理想主義的社會思想，到了 Hegel 氏始集其大成，同時他對此，亦貫注了新的精神。社會之現實的考察，以他的思想爲基準，在德國遂大成起來了。

Georg Fiedrich Wilhelm Hegel（1770—18

31）氏，最初進 Thuebingen 大學之新教神學部，研究神學和哲學。當時的同窗，有後述之浪漫主義之巨將 Friedrich Hoelderlin 氏及 Schelleng 氏。由 1793 年至 1800 年，在 Bern 及 Frankfort am Mein 等地方過家庭教師生活。由 1801—5 年，在 Enna 大學當哲學講師，在此時期中，和 Schelling 氏共編"哲學評論"雜誌（1802—3），至1805年升爲助教師，至 1807 年著"精神現象學"（Phaenomenologie des Gesites），同年因拿破崙之侵掠Enna，及大學之財政困難，辭助教授職而赴 Bamberg 地方當新聞編輯員。由1808年至1816年間，就 Nuremberg 地方的中學教職，其間出版"論理學"（Wissenchaft der Logik 1. Bd. 1812, 2. Bd. 1816）。1816年任 Heidelberg 大學的哲學教授，次年出版"哲學大辭書"（Encyklopedie der philosphischen Wissenchaften im Grundrisse, 1817）。1817年任柏林大學哲學教授，直至1831年死爲止。他在柏林大學的哲學講義，風靡全德國學界，他的哲學，有普魯士國家的公認哲學之稱。1821年發表"法律哲學原理"(Grundinien der Philosophie des Rechets)，此外尚多關於歷史哲學，哲學史等之著述。他的最初的全集，由1832年至1845年間，作十九卷公刊於世。

我們所注意的並不是作哲學者的 Hegel 氏。縱令爲要理解作哲學者的 Hegel 氏，也不應當閒却了他的歷史哲學的及法律哲學的方面之研究。他不僅是一個哲學者，其實他由青年時代起，即是一個政治研究者。對於他的哲學體系之創造，在政治的及歷史的研究上所得的經驗有極大的貢獻。

Hegel 氏以爲當觀察歷史之過程時，以社會現象爲一個聯續運動之過程，即以爲是連續不斷的變革，消滅及在相異的上層形態上的再生。他抱有一個高深的進化思想。在 Hegel氏以前，固然有人類自身的變化，社會之進化之思想。但是他們的歷史觀之多數，是對於由神或由理性而發生的一定目的，而進化之觀察法，又關於自然科學的，爲要滿足人類之理性，或人類之原始的本能而增加的慾望，而作用，以達到一個完全狀態之觀察法。據這些觀察法，這個進化，或進步的階段，是欲以一個階段和其他階段區別而已。即他們以一個社會的階段，爲孤立的而加以觀察，以爲對於以前或以後的階段是具有孤立性的。

Hegel氏的見解則不然，他以爲“發展經過”是由一至其他之不斷的變化。他以爲一切的東西，都是流動着的。即他以爲存在着的東西不是完成了的，要把他和以前及以後的同一思想相關連起來，加以觀察。一個事象是常在變化中的過程之複合。即他所欲考察的事象，不是已完成了的事象，而是論事象之成立及發展之過程，即論在事象之成立及發展之過程上，所行的運動法則及傾向。這個發展概念在康德及Gottfried Herder氏已經先預見了的，但在Hegel氏以前的問題，是事象之發展經過了如何的階段。至Hegel氏提出的問題，是這個發展過程是如何地常在變化的。由這個新的發展概念，在Hegel氏以爲所謂相互作用問題，是含有新的意義的。據他的見解，事象之發展過程是一個相關連的東西，變化的東西，故 Hegel氏以爲一切的社會現象都是有相互的密切的關係。他說，社會內所有的一切關係，是相互作用的。例如政治和道德對宗教發生影響，同時宗教對政治和道德也發生影響，這是不能否定的。但是一個要素單在受一個變化的場合，才對於他要素有作用的，而一切要素在這作用上相同的場合，不能有發展的進步，他是這樣地解釋相互作用之意義。據此見解，對一要素加以變化之動因，一定常是存在的。唯心主義者的Hegel 氏以爲這個動因，是“自爲運動的概念”。

由這樣的立場，Hegel 氏以爲最重要的是歷史的必然性。他先區分可能性（Moeglichkeit）爲二，卽是形式的可能性和現實的可能性。所謂可能性不是不能想像的，一事象和自身一致的，不是自己矛盾的。例如土耳其皇帝改教而作基督教徒，是一個可能性。但是，像這樣的假定，大概是不能成立的，也恐怕是無意義的思考。不過這件事並不是不能想像的。何也？因爲牠裏面，沒有形式上的矛盾，故這是屬於形式的可能性。所謂現實的可能性，是由事象所有諸條件推之，不是不能想像的，即是大概可能的意義。所謂必然性即是現實的可能性和現實（Wirklichkeit）相一致的場合。但是，所謂必然性不單是“某事物發生了”而是“有可以發生的理由之某事物發生了”的意義。即必然性不單是某事物爲如何的問題，而是某事物爲什麽存在的問題。由事物之內在的理由（或稱原因）而發生存在之點上面，一定有必然性所具有的特質存在。

故一切發生的事象，不一定是都有必然性的。和必然的世界相並立的，有偶然之世界。這個偶然的世界，也是屬於現實。但是偶然是屬於外的現實，不是屬於規定於內的之現實。即雖是偶然，亦有其根據，何也？因無論如何的事象，决不能無根據而發生的。不過偶然的事象，沒有內的根據罷了。牠不是由事象之內的關係而發生的，單是由諸條件之外面的結合而起的。故所謂偶然，牠的發生存在之根據，不在他本身之內，而在其他的事物。故偶然具有作個別的事實之性質。因之在偶然是沒有法則的。何也？因爲無所謂偶然的法則。故必然的事象，是合法則的事象。必然的事物也是現實的事物，故亦是理性的(合理的)事物。Hegel氏有一句名文："一切現實的 (Wirklich) 事物，即是理性的 (Veruenftig) 事物，而理性的事物，亦是現實的事物"。據這名句，存在着的事象，不是全爲理性的，不過由事象之內的關係，作必然的事物而發生的，是理性的。祇有這個事物，所謂在理性的意義上是現實的。

Hegel氏把這個主張適用於歷史上了。卽在歷史的發展行程內，在內的爲必然的事物，是理性的(合理的)。在歷史的過程上，不具有內的必然性的，是非理性的(非合理的)。故歷史的必然和內的必然性之變化，共同變化。故今日之必然，不一定是明日的必然。卽今日爲理性的事物，不能說明日也一定是理性的。對於某事象賦與內的必然性者，是世界精神 (Weltgeist)。據他的意思，世界精神原是神。故司歷史進行的是神。這個世界精神，是Hegel氏的世界觀之不可移動的前提。Hegel氏舉出本能，利益或感情等，爲歷史的動因，這些東西對世界歷史雖有作用，但不數作獨立的原因，他們不過是世界精神爲要達到其目的而使用之一種工具而已。像這樣的，Hegel 氏主張精神或理性支配這個世界，構成全歷史的發展過程；故歷史上的變化，不外是理性的變化。卽歷史上對立的諸變化不外是精神之對立的思索方法之變化。

所謂歷史之辯證法的發展，不外精神之辯證法的發展。然則在辯證法上，精神是怎樣發展的呢？思想之發展是由解決內在於概念裏面的矛盾而進行的。一切之概念都內在地具有矛盾。但這個矛盾是可以解決的。其解決方法如下：第一，思想之矛盾表現出來而被否定。這個否定又生出新的否定。像這樣，思想由兩個否定而運動，經過了這兩個否定，把以前的概念，在更高的形態上再加以肯定。故一個概念的否定，不是完全的否定，牠不是歸於無的，而是一個現存的概念，由於進展至爲更高形態的概念，而自爲轉化（Aufheben）的。一個概念的轉化，並不是概念完全消滅的意思。由舊概念的要素移至新概念裏面。由這個意義說，凡是否定，同時又有肯定的意思。

Hegel 氏所謂精神世界是採取着種種的民族精神的形態，而實現其內容。這個行程，即是歷史。歷史的各期以特殊的國民爲代表。一國之所以爲支配的勢力，是因爲具有實現那時代所展開的世界精神的內容之本分。盡了這個本分的國民，把支配權力讓與新國民。國民之興亡隆替是因爲國民各盡了本分，而新展開又需要新勢力。Hegel 依此原理，分歷史爲四大時代。（一）是東方之專制時代，（二）希臘之民主的共和制時代，（三）羅馬之貴族的共和制時代，（四）日耳曼民族之君主制時代。

十四

如上所述，抱有唯心的歷史觀的 Hegel 氏，對於國家及社會，作如何的見解呢？他最先截然地區分國家和社會。在他以前的社會學說，對於這兩者之區別，沒有像他那樣嚴密的。例如 Fichte 氏，是以國家和社會有區別的。Fichte 氏的區別以社會之一特殊發展形態爲國家，更進一步，他以爲這個國家在社會之完成後，其任務遂告終結。至於Hegel氏，則不以國家爲社會之高等形態，亦不以社會之完成，國家之任務即告終結。他以爲國家是完全和社會不同的。

作Hegel氏之研究對象的國家，是純粹的國家。他在法國革命，和對於作此革命之思想的背景之啓蒙思想及主觀的觀念論而反動的政治的，宗教的及哲學的影響之下，就於作這些思想的主要要素之合理主義和自然法的思想，尊重歷史的事實。由這樣的見地，他不以國家爲各個人的人工的作品，而以爲是國民的精神之歷史的發展的成果，絕對不動之自己目的。作這樣的歷史存在之國家，關於其起源，其形態是多種多樣的，但研究這樣的具體之問題，並不是他的目的。他的目的是在研究內在於這些具體的實現的國家裏面之概念及觀念。即他所求的是國家之觀念。國家是根據一般的理性的意志之憲法組織(Verfassungsorganization)。

國家是以構成這個憲法組織之個人意志爲基礎，但形成國家之意志本身，一定要是一個理性的東西。故Hegel氏以爲國家是倫理的之全體（Das Sittliche Ganze），倫理的觀念之現實，自由之實現，而國家之目的，是一般的利益本身。

像這樣，Hegel氏的國家觀，並不是現實之國家之意義，而是一個哲學的國家理想之意義。——Hegel氏在他方面，露出有這樣的口氣，卽在當時的普魯士國家已經發現了這個國家理念之實現。這是不能否定的。——故在Hegel氏之國家論，並不是討論在從來歷史上發達而來的國家，而是欲從國家之理念演繹出國家之本質。在他以爲國家是如何地在歷史上發達而來的，又現實的國家有如何的組織，這些都是不成問題。Hegel氏之國家是在他頭腦裏面的國家，和歷史上的國家完全不同。現實之國家是未完成的國家，這個未完成的國家在其發展過程上，可以達到倫理的觀念之實現的完成國家。

據Hegel氏的見解，國家和社會是儼然地相對立。國家不是社會（Gesellschaft），而是共同體（Gemeinschaft）。即不是如從來的見解，以爲原始的社會達到某發達階段，即可以成爲國家。國家和社會在本質上是不相同的，是互相影響而並存的。他承認家長的家族爲原始的社會集團。這個家族和其他家族達到了相交涉的狀態，遂產生社會。各家族依其慾望而行動，各追求其特殊的目的，故爲充足慾望，遂成立相互依存的組織，由是各個家族之生活及安寧，和其他家族之生活及安寧，就相關連起來了。這個相互依存分量之增加，成爲相互依存之性質的變化，這個相互依存在共同生活上是必然的。即作社會關係得到一般之承認。

社會的慾望之充足方法是勞動。由勞動，對於自然所直接供給的材料能使之適合於慾望的目的那樣加於製造。這種勞動的社會之過程，最初是極簡單的，後來因慾望和充足慾望手段之增加及特殊化，遂有分業的必要了。像這樣的，社會是爲慾望和慾望充足之勞動組織。因之，慾望之充足即是社會的行動之範圍。Hegel氏稱這個社會爲市民的社會（Burgerliche Gesel'schaft）。這個市民的社會，是對一切之個人利益，一切人對一切人之戰場。

勞働之特殊化，卽分業之進步和勞働技術之優劣的結果，必然地引起個人間的財產之不平等。故市民的社會决不是包涵有無差別的大衆。市民的社會由慾望和慾望充足手段及勞働之如何，又由理論的實踐的教養之特殊組織，而有階級之差別。這個階級在當時的社會分爲三者。卽第一以土地之自然的生產物爲其財產的農業者，尤其是地主階級。第二以自然的生產物之變形變位爲業之都市勞働階級，卽手工業者階級，工場業者階級及商業者階級。第三以社會的狀態之普遍的利益爲其業務之官吏階級。市民的社會不受何等的障害而活動之時候，則人口和產業不斷地發達，結果在一方面因利潤之增加，富之集積日益增大，同時在他方面勞働階級之從屬和窮乏亦日益增大。

然則家族市民的社會和國家之關係如何？據 Hegel 氏的辯證法的方法，家族是正措定（Thesis)，社會是反措定（Antithesis）。國家是綜合措定（Synthesis）；故市民的社會和家族一同被轉化（Aufheben），而包攝於國家裏面了。在普通科學的概念，先有家族及社會，作辯證法的結果，國家遂發生出來。但在現實上，國家最初卽存在的，要在國家裏面，才有家族，由家族發展爲社會。故國家才是眞正的人類生活根據。

第五章

近世社會學成立史之總括

以上數章，略述過了由十八世紀後半期至十九世紀初期之英，法及德國的社會學的思想之發達。如最初所述，社會學的方法是指社會之現實的經驗的觀察，故作者把對於社會學的方法之形式發達，直接或間接有貢獻的諸思想家鳥瞰地介紹過了。

當中世的社會崩壞，近世社會成立之際，在經濟上發生了以土地問題爲中心的重大的社會問題。卽村落共有地之私有化，土地之集中，因之有多數農民之窮乏，而離開農村的問題等。爲解决這些問題，故發生有許多策論，這是事實。這些問題已經不能用信奉神的命令，沐浴神恩那些簡單的思想可以解决得了的。不單如此，作神之使者的教會，也變爲一方的須待解决的當事者了。在這時代的烏托邦諸思想，在態度上雖具有神學的分子，但都承認有以嚴密地檢討事實爲立足點之必要了。More 氏的烏托邦在精神上是文藝復興的天主教(Catholic)的理想主義，但對於當時的社會事象，尙有深刻的洞察。

作政治的問題之大國家的成立，亦以爲現實的歷史的研究，比倫理的宗教的研究，更爲必要了。Machiavelli 氏的政治論在這樣的意義上，可以說從倫理，宗教的束縛，把政治學解放出來了。宗教革命的鬥士 Luther 氏之說，雖未能全脫中世教會的臭味，但由其俗權之肯定及個人與神之直接的交通，對教會的知識統治權之破壞，有絕大的貢獻。像這樣，近世初期之社會思想，牠的直接形態，雖不是現實的經驗的，但對於現實的經驗的方法，則貢獻甚大。

近世國家的基礎之確立，要求關於國家本質之學說。爲說明這個本質的，不消說是自然法學說。自然法學說適用於專制國家之辯護，同時又適用於攻擊專制國家。（Hobles 氏及盧騷），自然法學說是從古代卽存在的，是一種思辯的思想，不過對於以社會生活之指導原理爲神的思想，而改爲自然。但主張國家是達到了人類社會生活之某一階段，才能形成的。在這個主張裏面，在社會學上看來，有兩個重要的問題。其一，是關於人類之自然狀態，卽關於國家形成以前的狀態之主張。其二，是國家形成上之契約說。故這個學說，在無國家的社會之可能，和以國家亦與其他人類之結合同樣，由契約而成立的之兩點上，作成了使一般更深邃地研究國家和社會的本質問題之根據。

在十七，十八世紀之英國，社會契約說崩壞了。社會生活之自然性，卽社會之構成，不是根據人類之契約，而是根據人類性情之自然之學說，在這時代遂高唱起來。一般主張國家不是由人民之契約而成立的，而是人類社會達到了一定之發達階段自然地發生的。卽主張家長的大家族之存在及由其聯合漸次地成立爲國家，這個成立是自然的；不以自然法學說（社會契約說）上之理性爲社會形成之根本要素，而代以感情。到這個時期，一般以爲國家和市民的社會是相對立的。

法國社會學的思想發展的傾向，酷似英國的。但在法國，自近世初期以來，重視自然的環境對於社會生活之影響。這個重視自然環境之學說，是形成近世社會學的思想的特色之顯著的一事例。在法國之自然法思想，直至大革命爲止，作支配的思想。到了大革命，單是在第三階級的意義上之成功明白了以後，於是一般對於政治和社會重新加以考察。這卽是法國社會主義學說之貢獻，站在第一綫的是St. Simon氏。St. Simon氏的門下有Comte氏，爲近世社會學之鼻祖。與Comte氏之社會學相並立的社會主義思想，在法國亦甚發達。在Comte

氏以前，與 Simon 齊名的，則有 A. Fovillée。這些社會學的思想，至後日論 Comte 氏時再詳爲論述。

德國之古典哲學及浪漫主義，一般以爲距經驗的現實的研究甚遠。但這兩者的關係，是很接近的。浪漫主義由尊重傳統，常不能忘情於過去，對過去之回顧即是尊重歷史。歷史主義及歷史派的現實的經驗的研究法，實以浪漫主義爲創始者。綜合古典哲學之社會思想方面而大成立之的 Hegel 氏，受了這個浪漫主義之歷史的方法影響，雖以理想主義爲立場，但常常不忘情於回顧現實。

其次，在德國古典哲學，尤其是 Hegel 氏的哲學方法，產生了兩個偉大的社會學的思想家，即馬克斯和 Stein 氏。Hegel 氏沒於 1831年，Stein 氏和馬克斯之文字的活動，亦在四十年代初期開始，然則在這期間內的急進的社會思想家之學問的貢獻，也應適當地加以評價了。

關於英國之社會學的思想之發展，作者寫到 Ferguson 氏便擱筆了。因爲在他，社會學的方法才稍明確地形成起來了。但是，他和有英國社會學之建設者之稱的 Spencer 氏之間，約距半世紀之星霜。Ferguson 氏以後之英國社會學的思想，作正統學派經濟學者的有 Malthus 氏，Ricardo氏，Mill 氏；作保守主義者的有 Edmund Burke 氏；及作哲學者的Jeremy Bentham氏。這些思想家都是生於 Ferguson 氏和 Spencer 氏之間，俟論述Spencer 氏的時候，再為介紹。

故本書祇在說明英，德，法三國之社會學的研究方法之取如何的路徑發展而來的。至關於社會學的研究方法形成以後之發達，則須在說明有社會學之建設者之稱的諸思想家，卽在說明以 Comte，Stein，Spencer，Marx 為中心的社會學體系之建設的時候，再為詳述。若本書在近世社會學成立史的標題之下，構成作者社會學史之第一卷，則社會學建設篇當構成其第二卷。讀者諸君，倘假作者以時日，俟第二卷完成時，再行相見。

參考書目

關於社會學史全般之參考書

1. Barth, Paul. Philosophie der Geschichte als Soziologie 1, Bd. 1922.

2. Bristol, Thomas. Social Adaptation, a Study in the Development of the Doctrine of Adaptation as a Theory of Social Progress. 1921.

3. Bogardus, Emory S., History of Social Thought. 1922.

4. Cunow, Heinrich, Marxsche Geschichts, Gesellschafts-, und Staatstheorie. 2 Bde.

5. Lichtenberger, James. Development of Social Theory. 1924.

6. Stein, Ludwig, *Die soziale Frage im Lichte der Philosophie*. 1923.(日本协調會譯,會社思想史 1927.)

7. Squillace, Fausto, Die soziologischen Theorien, Deutsch von Rudolf Eisler 1911.

8. Todd, Arthur James, Theories of Socail Progress. 1926.

9. Vorländer, Karl, von Machiavelli bis Lenin, neuzeitliche Gesellschafts- und Staatsthe orien- 1926.

10. Wiese, Leopold. Soziologie, Ihre Geschichte und Hanptprobleme. 1926.

已如本文所述社會學是近世的產物，而作獨立科學的存在，則在十九世紀以後，故他的成立過程和接近的諸科學有極密切之關係，這些重要科學之歷史，是有借作參考的必要，今舉其重要的部份如次。

經濟學史

1. Mombert, Paul, Geschichte der Nationalökonomie. 1927.

2. Oncken, Augest, Geschichte der Nationalökonomie. Erster Teil Die Zeit vor Adam Smith. 1922.

3. Damaschke, Adolf, Geschichte der Nationalökonomie 2 Bde. 1922.

4. 河上肇　資本主義經濟學之發達

5. 高橋誠一郎　經濟學史研究

政治學史

1. Bluntschli, 1. Geschichte der neueren Staatswissenschaft. 1881

2. Duning, William History of Political Theory. 3 vols.

3. Gettell, Raymund, History of Political Thought. 1924.

4. Vaughan, C. E., Studies in the History of Political Philosophy. 2 vols. 1925.

社會主義思想史

1. Beer, Max, Allgemeine Geshichte des Sozialismus und der sozialen Kämpfen,

2. Kautsky, Karl, Vorläufer des modernen Sozialismus. 4 Bde.

3. Hertzler, Joyce, the History of Utopian Thought. 1922.

4. 小泉信三　近世社會思想史大要

其他

1. Höffding, Geschichte der neueren Philosophie（日本北聆吉譯，Höffding 近世哲學史）

2. Vorländer, Karl, Geschichte der Philosophie 2 Bde. 1925

3. Weber. Max, Wirtschaftsgeschichte. 1925.（日本黑正巖譯　社會經濟史原論）

4. 波多野精一　西洋哲學史要

5. 坂口昂　概觀世界史潮

第一章　近世初期之社會學的思想

關於以上列舉各書之關係部分因限於篇幅不再引用，作者得以上所列諸書之助爲甚大。至於下所舉參考書目是關於各特别時期及思想家之重要的文獻。

1. Hearnshaw, F. (Editor) Social and political Ideas of some great thinkers of the Renaissance and the Reformation. 1925.

2. Kemmerich Max, Machiavelli. 1925.

3. Fester, Richard, Machiavelli. 1900.

4. Ward, Frank, Darstellung und Würdigung der Ansichten Luthers vom Staat und seinen wirtschaftlichen Aufgaben. 1898.

5. Tawney, R. Religion and the Rise of Capitalism. 1926.

6. Troeltsch, Ernst, Die Soziallehren der

Christlichen Kirchen. 1923.

第二章 英國社會學的思想之發達

1. Pribram, Karl, Die Entstehung der Individualistischen Sozialphilosophie. 1912.

2. Huth, Hermann, Soziale und Individualistische Auffassung im 18. Jahrhundert. 1907.

3. Beer, Max, History of British Socialism- 2 vols.

4. Stephens, Leslie English Thought in 18 Century 2 vols. 1881.

5. Graham, W, English Political Philosophy 1919.

6. Gooch, G. P. Political Thought in, England from Bacon to Halifax. 1923.

7. Kautsky, Karl, Thomas More und seine Utopie.

8. Tönnies, Ferdinand. Thomas Hobbes Leben und Lehre. 1925.

9. Stephens, Leslie. Thomas Hobbes. 1904.

10. Hasbach. Wilhelm, Untersuchungen über Adam Smith und die Entwicklung der politischen Ockonomic. 1891

第三章　法國社會學的思想之發達

作者不幸不識法文，對於法文之適當的參考書不能列舉出來。

1. Flint, Robert, Historistcal Philosophy in France and French Belgium and Swizerland1889.

2. Ritchie, David Natural Rights. 1916.

3, Aster, Ernst von. Die franzoesische Revolution in der Entwicklung ihrer politischen Ideen.

4. Stein, Lorenz, Geschichte der sozialen Bewegung in Frankreich. 3 Bde. 1850.

5. Hearnshaw. (Editor) Social and political Ideas of some great thinkers of the 16. and 17. centuries. 1926.

6. Muckle, Friedrich' Henri de St. Simon.

7. Girsberger, Hans, Der Utopische Sozialismus des 18. Jahrhunderts in Frankreich und seine Philosophischen und materiellen Grundlagen 1924.

8. Warschauer, Otto, Zur Entwicklungs-geschichte des Sozialismus. 1909.

9. Salomon. Gottfried, St. Simon und der Sozialismus. 1919.

10. Morley, John, Rousseau und his Era. 2 vols. 1923.

11. Morley, John, Biographical Studies 1923.

第四章 德國社會學的思想之發達

1. Mombert. Paul, Soziale und wirtschafts politische Anschanungen in Deutschland vom Beginn des neunzehten Jahrhunderts bis Zur Gegenwart. 1919.

2. Ziegler, Theobald. Die geistigen und sozialen Strömungen Deutschlands im 19. und 20. Jahrhundert. 1921.

3. Mehring, Franz, Geschichte der deutschen Sozialdemokratie. 4 Bde. 1909

4. Klein-Haltingen, Geschichte des deutschen Liberalismus. 2 Bde. 1911-12.

5. Kinbel, W, Humanitaetsgedanke. 1908.

6. Harek, William, The Introduction of Adam Smith's Doctrines into Germany. 1925.

7. Spranger, E. Wilhelm v. Humboldt und die Humanitaetsidee. 1909.

8. Vogel, Paul, Hegels Gesellschaftsbegriff und seine geschichtliche Fortbildung durch Stein, Marx, Engels und Lassalle. 1925.

9. Vorlaender, Karl, Kant Fichte, Hegel und der Sozialismus. 1920.

10. Meinecke, Friedrich, Weltbuergertum d Nationalstaat. 1922.

敬啟

“民國專題史”叢書，乃民國時期出版的著名學者、專家在某一專題領域的學術成果。所收圖書絶大部分著作權已進入公有領域，但仍有極少圖書著作權還在保護期内，需按相關要求支付著作權人或繼承人報酬。因未能全部聯系到相關著作權人，請見到此説明者及時與河南人民出版社聯系。

聯系人 楊光
聯系電話 0371-65788063
2016年3月28日